Susanne Wendel

Männer sind Schweine, Frauen erst recht

Susanne Wendel

Männer sind Schweine – Frauen erst recht!

Beobachtungen
und nackte Tatsachen
über Mann und Frau.
Eine Streitschrift

GOLDEGG
VERLAG

Bildrechte Autorenfoto: Christian Bodlaj
Bildrechte Umschlag: Alexandra Schepelmann/donaugrafik.at
Songtext Seiten Seite 55, Seite 58: Text Frank Ramond / Musik: Hardy Kaiser; © Wortreich Musikverlag Janine Ramond E.K. / Peermusic (Germany) GmbH. Mit freundlicher Genehmigung Wortreich Musikverlag Janine Ramond E.K. / Peermusic (Germany) GmbH

ISBN: 978-3-99060-136-5

Friedrichstraße 191 • D-10117 Berlin
Telefon: +49 800 505 43 76-0

Goldegg Verlag GmbH, Österreich
Mommsengasse 4/2 • A-1040 Wien
Telefon: +43 1 505 43 76-0

E-Mail: office@goldegg-verlag.com
www.goldegg-verlag.com

Layout, Satz und Herstellung: Goldegg Verlag GmbH, Wien
Printed in the EU

Für alle, die so mutig sind, sich nicht nur mit ihrer Genialität und Brillanz zu beschäftigen, sondern auch in ihre tiefsten Abgründe zu blicken..

Gleichberechtigung bedeutet nicht, dass wir alle gleich sind oder alle gleich behandelt werden wollen. Das Gegenteil ist der Fall. Gleichberechtigung ist, wenn jede Gruppe, jedes Geschlecht und jeder einzelne Mensch dasselbe Recht darauf hat, auf einzigartige Weise anders zu sein als die anderen.

Gleichzeitig bedeutet Gleichberechtigung aber auch, dass niemand „besser" ist als die anderen und niemand das Recht hat, sich über andere zu stellen: Weder die Männer über die Frauen – noch die Frauen über die Männer.

Inhaltsverzeichnis

Vorwort

Männer sind Schweine, das ist bekannt. Dass Frauen auch schlimm sind, wird hingegen sorgsam unter den Teppich gekehrt. Die nackte Wahrheit ist: *Alle* Menschen sind Schweine. Nicht nur in dem Sinne, dass sie sich gerne versaute Witze erzählen und Schweinereien im Bett lieben, sondern auch darin, dass sie sehr gemein zueinander sein können. Und die, die besonders harmlos tun, sind die Schlimmsten.

Wenn wir also über Gleichberechtigung reden, dann bitte richtig!

Männer wissen, dass sie Schweine sind, wir haben es ihnen oft genug gesagt. Doch wer eine Frau bezichtigt, ein Arschloch zu sein, bricht ein fettes Tabu. So, wie bei Harry Potter der Name desjenigen genannt wird, der nicht genannt werden darf. Manche Männer kokettieren sogar damit, dass sie Schweine seien. Doch Frauen tarnen ihre Gemeinheiten hinter einer Fassade von Harmlosigkeit: lächelnde Gesichter, säuselnde Stimmen, schöne Körper und viel Schminke. Und sie sehen und verstehen sich selbst grundsätzlich eher als Opfer denn als Täterinnen. Es wird Zeit, die Tarnung aufzudecken und ehrlich zu werden. Frauen sind genauso schlimm wie Männer, nur anders. Aber keinen Deut besser.

Frieden und Augenhöhe zwischen den Geschlechtern entstehen nicht durch Krieg gegeneinander, sondern wenn wir uns in die Augen schauen. Der Feminismus hat uns unglaublich weit gebracht, doch wir finden durch ihn keine Erlösung, weil er ein wichtiges Thema verschweigt: nämlich all das, was Frauen den Männern antun. Niemand redet über die weiblichen Fiesheiten. Sie sind passiv-aggressiv und deshalb nicht so offensichtlich erkennbar. Frauen verstecken sich noch hinter gesellschaftlichen Rollenbildern. Und wir schauen alle zu wenig hin, wer wir wirklich sind.

Es ist nicht klug, die weiblichen Schatten zu verleugnen, denn das Anerkennen ihrer dunklen Seiten würde Frauen viel

Kraft geben. Wer zugibt, »ein Schwein zu sein«, verlässt automatisch die Opferrolle. Wer Verantwortung übernimmt, kann etwas ändern. Es erzeugt Power, sich nicht mehr hinter der Fassade einer Gut- oder Bessermenschin zu verstecken. Einen Versuch ist es wert. Es macht sogar Spaß, ab und zu die Drecksau rauszulassen. Letztlich ist es wie beim Sex: je versauter, desto geiler. Die Frage ist: Wann ist die Schattenkraft gut und kann sogar zum Positiven eingesetzt werden? Und wann ist sie zerstörerisch, vor allem, wenn sie verleugnet wird? Um das zu erforschen, müssen wir erst mal anerkennen, dass sie in jedem von uns steckt.

Dieses Buch beschreibt jahrelange intensive Beobachtungen und sichtbare Tatsachen. Es stellt Fragen. Es eröffnet Paradoxe. Und es zieht Schlüsse, über die sich lohnt zu diskutieren und zu streiten.

Aber Vorsicht: Ab hier kann es unbequem werden.

Große Jungs mit Arschlochpotenzial: Männer

Darüber, dass Männer »Schweine sind«, wurde schon viel gesagt, geschrieben und gesungen. Es stimmt alles. Und in Wahrheit sind sie noch schlimmer.

»Männer können ruhig mal lesen, dass sie gierige blöde Ärsche sind, die alles plattmachen, sowohl Menschen als auch die Natur. Man kann ja auch nicht verstecken, das sieht man an jeder Ecke«, sagte ein Freund von mir, als ich ihm von diesem Buchprojekt erzählt und betont habe, dass es nicht nur für Frauen geschrieben ist.

Ich ergänze diese Aussage: Männer sind sexistisch, bewegen sich geistig am äußeren Rand des Autismusspektrums und sind körperlich grobmotorisch. Sie sind kriegsbesessen und begeistern sich für Filme, die möglichst wenige Dialoge, dafür aber möglichst viele Gewalt- und Sexszenen zeigen. Männer schauen angsterfüllt auf die Größe der Geschlechtsteile anderer Männer und protzen mit großen Ersatzpenissen wie dicken Autos, teuren Computern und Lego-Bausets mit 10.000 Teilen, um ihre Ängstlichkeit zu verstecken. Männer können stundenlang über Dinge, Fakten, ihren Job und Verschwörungstheorien reden. Sie schalten ihr Gehirn aus, sobald sie mit weiblichen Reizen wie Brüsten, Lippenstift und langen Haaren konfrontiert werden. Ohne diese auffallend präsentierten Vorzüge werden Frauen für sie allerdings sofort uninteressant. Wenn du sie als Frau nicht zeigst, bist du für die Herren der Schöpfung fast unsichtbar.

Das kann Vor- und Nachteile haben. Männer können einer weiblichen Stimme ab etwa dem vierten Satz nicht mehr zuhören, das habe ich schon öfter beobachtet. Ich kenne Männer, die sogar zu gähnen beginnen, sobald ich mehr als vier, fünf Sätze rede. Und das hat nichts damit zu tun, dass ich eine monotone Stimme hätte. Männer halten mehr Sätze von einer Frau nur aus, wenn sie ihre Stimmlage senkt und in sehr kurzen Sätzen redet. Das zu lernen, ist Grundlage in Rhetorikkursen für weibliche Führungskräfte.

Männer halten sich selbst für die wichtigsten Menschen auf dem Planeten und erwarten, dass man ihnen entsprechenden Respekt zollt. Männer brauchen viel Anerkennung, weil sie sich immer mit der Frage herumquälen, ob sie gut genug sind. Männer sind feige Angsthasen. Um das zu verstecken, schüchtern sie alle anderen ein – Männer, vor allem aber Frauen. Ein Mann im Raum mit zehn Frauen könnte durch rohe körperliche Gewalt umbringen. Die Gefängnisse sind voll mit Männern, weil jeder sehen kann, welches Unheil sie mit ihrer Gewalttätigkeit anrichten. Wenn ein Straftatbestand sichtbar ist, kann der Straftäter verurteilt werden. Frauen werden von Männern eingeschüchtert, das ist ein tiefsitzender Instinkt. Und das ist der simple Grund dafür, dass Frauen so oft nicht Nein sagen, wenn Männer übergriffig werden. Männer können die selbstbewussteste Frau in Schockstarre versetzen. In Schweden gibt es mittlerweile ein neues Gesetz im Sexualstrafrecht, das von Männern ein klares Einverständnis der Frau zu jeglichen sexuellen Handlungen fordert. Ob Frauen sich allerdings einen Gefallen tun, wenn sie ihr Sexleben von Paragrafen regeln lassen, ist eine andere Frage. Dazu später mehr.

Ansonsten sind Männer sehr soziale, großzügige, großherzige und gefühlvolle Wesen. Sie haben ein riesengroßes Herz, bekommen rote Ohren und fangen an zu stottern, wenn sie verliebt sind. Sie hängen an Mamas Rockzipfel und lernen erst im Laufe des Größerwerdens, dass Gefühle bei Jungs uncool sind, dass sie nicht weinen sollen, stark sein müssen und bloß ihre Gefühle nicht zeigen dürfen. Männer lieben es, für andere – besonders für Frauen und ihre Familien – im Service zu sein und andere glücklich zu machen. Sie sind bereit, die Welt für jemanden aus den Angeln zu heben, wenn sie spüren, dass sie geliebt werden. Männer geben Schutz und bedingungslose Liebe. So lange, bis sie damit oft genug auf die Fresse gefallen sind und ausgenutzt wurden und keinen Bock mehr haben, sich für andere reinzuhängen. Dann werden sie zu Machos und Egomanen. Männer tun sich schwer, ihre Liebe auszudrücken, sie tun es oft nicht mit Worten, sondern mit bedingungsloser Loyalität. Nur Männer kennen so etwas wie einen Ehrenkodex, Kameradschaft und Männerfreundschaften, die so stark sind, dass sie für ihre Kameraden in den Tod gehen. Das ist auch das, was Männer ihr Leben lang suchen, bei anderen Männern, aber auch bei Frauen: echte Freundschaft und bedingungslose Akzeptanz.

Mit einer Sache tun sich Männer von Natur aus schwerer als Frauen: die Gefühle von anderen zu erkennen und richtig zu interpretieren. Dafür sind ihre Gehirne nicht optimal ausgebildet, und das ist der Grund dafür, dass es deutlich mehr männliche als weibliche Autisten gibt.

Männer am Rand des Autismusspektrums

Es ist beobachtbar, dass deutlich mehr Männer als Frauen autistisch veranlagt sind. Vielleicht müsste man fragen, ob es überhaupt Männer gibt, die keine Autisten sind.

Dass Männer sich stundenlang alleine in Garagen aufhalten und basteln können, hat drei Gründe:

1. Die Frau im Haus redet zu viel.
2. Die Frau im Haus redet zu viel über Dinge, die der Mann nicht versteht.
3. Der Mann fühlt sich einfach wohler, wenn er alles unter Kontrolle hat.

Simon Baron-Cohen, ein britischer Psychologe und der Direktor des Autismus-Forschungszentrums in Cambridge, hat sich Ende der 90er- und Anfang der Nullerjahre intensiv mit den Gehirnen und typischen Verhaltensweisen von Männern und Frauen beschäftigt.[1] Er ist nach umfangreichen Beobachtungen und Studien zu dem Schluss gekommen, dass Männer eher in Systemen denken und Frauen eher in Empathie. Diese Forschungen finde ich sehr spannend und nachvollziehbar. Auf die Gefahr hin, von meinen Soziologen-Freunden niedergemacht zu werden, möchte ich diesen genderfeindlichen Gedanken vertiefen und weiter ausführen. In der Konsequenz ist das nämlich genau die Erklärung für das schon im Kleinkindalter zu beobachtende typisch männliche Verhalten, sich bevorzugt mit komplexen

Dingen wie Fahrzeugen und Bauklötzen zu beschäftigen, und das typisch weibliche Verhalten, mit Puppen zu spielen. Männliche Gehirne können nach Simon Baron-Cohen gut systematisieren und streben danach, Systeme zu erforschen, zu verstehen und zu entwickeln. Eine Legofigur folgt einem System: Wenn man die bunten Steinchen auf eine bestimmte Weise zusammenbaut, entsteht ein Auto, ein Haus oder Darth Vader. Kleine Jungs verstehen schnell, wie man die Steinchen zusammensetzen muss, damit etwas Sinnvolles entsteht. Wenn man einmal die allen Systemen inneliegende Wenn-dann-Funktion verstanden hat, kann man sie immer wieder reproduzieren. Wenn ich die Porzellantasse hinunterwerfe, dann geht sie kaputt. Wenn ich mit meinem Auto mehr als 200 Stundenkilometer fahre, dann verbraucht es doppelt so viel Benzin. Wenn ich jeden Tag eine Tüte Chips und zwei Flaschen Bier vertilge, dann werde ich fett. Wenn ich stattdessen auf meine Apple-Watch höre und jeden Tag 938 Kalorien durch Sport verbrauche, dann kann ich eine zweite Tüte Chips essen. Oder ich nehme ab. Systematiken zu verstehen, ist unglaublich beruhigend, weil man dadurch begreifen kann, wie die Welt funktioniert und wie sich die Dinge in Zukunft entwickeln werden.

Frauen begreifen die Welt laut Professor Cohen nicht über Systeme, sondern über Empathie. Empathie bedeutet, die Gefühle und Gedanken eines anderen Menschen verstehen und angemessen darauf reagieren zu können. Frauen können sich also in jemand anders einfühlen, weil sie in der Lage sind, das Gleiche zu spüren wie der andere. So können sie vorhersagen, wie jemand sich verhalten wird. Das ist die weibliche Strategie, die Welt zu begreifen und Aussagen über zukünftige Ereignisse machen zu können, ihre »Wenn – dann«-Strategie bezieht sich auf Menschen. Mit Systemen tun sich Frauen hingegen schwerer.

Interessant wird es, wenn in Systemen denkende Männer versuchen, in Empathie denkende Frauen zu verstehen.

Ein Mann kauft seiner Frau Blumen und bekommt ein positives Feedback. Er wird davon ausgehen, dass er das auch in Zukunft bekommt, und sich vornehmen, ihr wieder Blumen zu schenken. Doch wenn er ihr eine Woche später einen Blumenstrauß überreicht, kann es passieren, dass die Frau ihm diesen an den Kopf wirft, weil sie sich morgens über ihn geärgert hat. Der Mann wundert sich, aber er adaptiert und speichert ab, lieber keine Blumen zu kaufen. Doch das ist auch nicht richtig, denn einen Monat später beschwert sich die Frau, dass er ihr nie Blumen schenkt. Aus Sicht des Mannes verhält sich die Frau nicht systemkonform und unverständlich, aus Sicht der Frau kapiert der Mann mal wieder gar nichts.

Autistische Menschen zeichnen sich vor allem durch einen Mangel an Empathiefähigkeit bei gleichzeitig extrem starker Systematisierungsfähigkeit aus. Diese Beobachtungen haben den Psychologen Baron-Cohen zu der Aussage gebracht, dass Autismus einfach nur eine extreme Form von Männlichkeit ist.

Wer Frauen unterdrückt, kriegt eine böse Quittung

Es ist dumm von Männern zu denken, sie wären die alleinigen Herrscher des Planeten. Denn hinter jedem herrschenden Mann steht eine Frau, die ihn zu ihren Gunsten manipuliert.

Männer, die schon länger verheiratet sind, kennen das Gefühl, dass sie alles falsch machen. Das Gefühl stimmt. Aus Sicht vieler Ehefrauen machen Männer alles falsch, und was sie zu Hause tun, muss noch mal nachkontrolliert werden. Das haben die Männer sich selbst zuzuschreiben. Irgendwann im Lauf der Geschichte sind einige gierige alte Männer auf die Idee gekommen, die Macht über die Welt unter sich aufzuteilen und die Frauen an den Herd zu stellen. Das war zur damaligen Zeit vielleicht eine praktikable, aber keinesfalls eine gute Idee. Denn Frauen sind klug und stark und nicht bereit, den Männern dauerhaft das interessantere Spielfeld zu überlassen und sich selbst nur zu Hause zu langweilen. Da Frauen sehr geschickt, den Männern kräftemäßig aber unterlegen sind, haben sie Strategien entwickelt, wie sie hinter den Kulissen die Strippen ziehen können, ohne dass der Mann es merkt. Männer durchblicken die Tragweite der weiblichen List und Manipulation bis heute nicht und glauben in ihrer Unbedarftheit seit Jahrtausenden, sie wären die alleinigen Herrscher der Welt. Dass sie sich damit keinen Gefallen getan haben, merkt jeder Mann, kurze Zeit nachdem er geheiratet hat. Dann zeigt die Frau ihr wahres Gesicht und lässt mindestens einen Teil ihrer Tarnung fallen. Solange die Frau verliebt ist, liest sie ihrem Mann jeden Wunsch von den Lippen ab. Doch wenn der Alltag eintritt, lässt sie sich gehen und wird launisch. Nach dem Motto: »Hol dir doch selbst dein Scheiß-Bier!« Der Mann bekommt immer öfter zu spüren, dass er die Herrschaft über sein Privatleben und seine Kreditkarte unwiederbringlich abgetreten hat. Manchen Männern dämmert es, denn immer mehr von ihnen sind heute nicht mehr so schnell bereit zu heiraten. Sie lassen sich Zeit, wollen sich nicht festlegen, lassen sich auch andere Optionen offen. Es gab einfach zu viele desaströse Fälle, in denen der Ehe-Deal gründlich schiefgegangen ist. Dabei waren sie selbst es, die vor langer Zeit die Ehe eingeführt haben, um die männliche Macht zu stärken.

Die Idee dahinter war simpel: Wenn man eine Frau fest einem Mann zuordnet und sexuelle Kontakte zu anderen Männern verbietet, gehören auch die Kinder der Frau zu dem Mann. So kann man Völker bilden und kontrollieren und Macht über Ressourcen wie Land und Vieh erhalten. Was die kurzsichtigen, machtgierigen Männer damals nicht bedacht haben, ist der Preis, den sie für die Einführung der Ehe zahlen mussten: mies gelaunte Ehefrauen und schlechten Sex. Frauen wird Sex mit dem immer gleichen Mann nämlich schnell langweilig, und bevor sie sich überwinden müssen, verzichten sie lieber ganz darauf oder lassen ihn, wenn es unbedingt sein muss, nur noch über sich ergehen.

Trotz allem haben Männer die Frauen mystifiziert und vergöttert, schon immer, und auch das ist nicht besonders klug: Denn viele Frauen verhalten sich dementsprechend wie Göttinnen. Und viele Männer wissen niemals genau, woran sie sind. Frauen bestrafen oder belohnen, es ist aber nie ganz klar, nach welchem Prinzip. Wenn man Fragen stellt, bekommt man keine klaren Antworten, sondern Geschichten und Gleichnisse, deren Sinn man selber herausfinden muss. Oft muss ein Mann um die Gunst der Frau betteln. Das Einzige, was hilft, ist Beten um eine bessere Zukunft. Irgendwann um diese Zeit herum muss die Spaltung des Weiblichen in »Heilige« und »Hure« entstanden sein. Weil die Ehe zu schlechtem Sex geführt hat, ist kurze Zeit später die Prostitution als »Gewerbe« entstanden. Die Männer hatten nun Land, Macht und Geld, aber keinen Spaß mehr. Also haben sie einen Teil ihrer Besitztümer fremden Frauen geschenkt, um wenigstens ab und zu in den Genuss weiblicher Lust und ein wenig – wenn auch gekaufter – Liebe zu kommen.

Die Frauen wurden bei all dem Patriarchats-Gorillaaffentheater gar nicht gefragt und sind bis heute zutiefst angepisst darüber, dass sie selbst beim Sex zu kurz kommen und darüber hinaus immer ein Mann zwischen ihnen und dem Reichtum steht. Und das zahlen sie den Männern heim, indem sie ihnen jegliche Anerkennung vorenthalten und bei jeder Kleinigkeit an ihnen herummäkeln.

Frauen, die sich einen erfolgreichen Mann geangelt haben, zeigen allerdings ein großes Interesse daran, dass alles genau so bleibt, wie es ist. Denn sie profitieren trotz der Nachteile von sehr großen Vorzügen, beispielsweise nicht mehr für den eigenen Lebensunterhalt sorgen zu müssen. Damit torpedieren sie die Bemühungen aller anderen um Gleichberechtigung. Es ist heute noch üblich, die Frau eines Professors als »Frau Professor« anzusprechen, selbst wenn sie noch nicht mal einen Schulabschluss hat. Frauen waren von jeher die Nutznießerinnen der männlichen Erfolgssucht und natürlich auch ihrer Raubzüge.

In der negativsten Konsequenz dieses Verhaltens zeigen sich jene Vertreterinnen der weiblichen Spezies, die ihr Leben nicht nur frei von Skrupeln an der Seite männlicher Verbrecher lebten, sondern sogar eifrig an der bösen Macht teilhatten. Die Frauen der großen Diktatoren und Kriegstreiber waren keineswegs harmlose Figuren. Sie haben ihren Männern keinen Einhalt geboten, obwohl sie genau gesehen haben, wie schlimm Kriege sind. Kriegsbeute ist eine tolle

Sache, wenn man sich selbst dafür nicht die Hände schmutzig machen muss. Man stelle sich das mal vor: mit jemandem eine Beziehung zu haben und intim zu werden, der andere Menschen *tötet.* Unmöglich, dabei neutral zu bleiben. Das geht nur, wenn du entweder völlig dumpf oder über alle Maßen gierig oder selbst zutiefst brutal bist. Wenn wir über berühmte Frauen der Geschichte reden, kommt die Sprache meistens nur auf jene, die positiv gegen Kriege oder Männergewalt gewirkt haben. Wie steht es aber um so jemanden wie Magda Goebbels? Diese Frau, Gattin von Hitlers Propagandaminister, einem der schlimmsten Kriegstreiber des Zweiten Weltkriegs, stieg ehrgeizig und mit eiskalter Strategie zur First Lady des dritten Reiches auf und leistete einen riesengroßen Beitrag zu den unfassbaren Gräueltaten der Nazis.[2] Sie verehrte Hitler und hatte Goebbels aus Kalkül geheiratet. Sie wäre in der Position gewesen, vieles von dem Horror des Dritten Reiches abzuwenden. Doch während in den KZs Männer, Frauen und Kinder zu Tode gequält und vergast wurden, inszenierte sie sich selbst und ihre Familie als Inbegriff der heilen Welt und trug dazu bei, dass Filme über ihr vorbildliches deutsches Familienleben und ihre süßen strohblonden Kinder veröffentlicht wurden. Als klar war, dass ihr großes Idol Adolf den Krieg verloren hatte, setzte sie ihrem Leben ein Ende. Und vorher brachte sie ihre sechs Kinder eigenhändig um.

Männer in die Backstage!

Seit Jahrtausenden behalten sich Männer das Recht vor, Gesellschaften mit öffentlichen Reden zu beeinflussen. Fuck, jetzt sind wir mal dran!

Reden ist bei vielen Menschen Ausdruck einer Art geistiger Verdauungsstörungen, wie pupsen und rülpsen. Sie geben irgendetwas zum Besten, das ihnen gerade im Kopf herumgeht, weil sie es irgendwie loswerden möchten. Männer tun es öffentlich, vor allem in Form von Phrasendreschen, Frauen tun es privat, in Form von Klatsch und Tratsch. Phrasendreschen und Getratsche sind nicht besonders gesund, das weiß jeder, der den geistigen Gossip-Ergüssen von anderen ausgesetzt ist. Es wird einfach insgesamt zu viel geredet, über Dinge, die nicht wahr und nicht relevant sind und die Gesellschaft runterziehen. Früher herrschte die Theorie, dass Frauen zwei- bis dreimal so viele Wörter am Tag verwenden wie Männer. Das ist mittlerweile widerlegt, Männer können auch sehr viele Wörter benutzen. Dennoch existieren Unterschiede: Männer schwadronieren, Frauen ratschen. Das heißt: Männer verwenden viele Wörter darauf, sich selbst so dastehen zu lassen, dass sie tolle Hechte sind. Frauen verwenden viele Wörter darauf, *andere* (meistens ihre Männer, aber auch Freundinnen) so dastehen zu lassen, dass sie Idioten sind.

Sich zu gesellschaftlich relevanten Themen zu äußern, ist seit Tausenden von Jahren eine reine Männerdomäne. Man könnte sagen, das öffentliche Reden, also das, was Politiker, Gelehrte und Speaker machen, ist Männertratsch. Die Althistorikerin und Frauenrechtlerin Mary Beard beschreibt in ihrem Manifest »Frauen und Macht« eindrücklich, dass Frauen seit Beginn der patriarchalen Strukturen lediglich bestimmte Nischen zugewiesen waren, in denen sie sich öffentlich äußern durften. »Wenn man aus jenen merkwürdigen Kompendien, die mit ›100 bedeutende Reden der Geschichte‹ oder ähnlich betitelt sind, zeigt sich: die meisten weiblichen Highlights [...] befassen sich mit dem Schicksal von Frauen.«[3] Dabei haben Frauen auch sonst sehr viel zu sagen. Jeder weiß, dass Frauen sehr klug sind, das fängt bei den besseren Schulnoten der Mädchen an und hört beim Wissen um Großmutters bestes Hustensaftrezept nicht auf. Frauen verfügen über viel Weisheit. Doch die Männer haben Frauen, was das öffentliche Reden und Meinung-Kundtun betrifft, in die Backstage gedrängt. Sie schaffen es bis heute, mit vielen Worten und viel Show alle mit ihren Meinungen zu hypnotisieren, völlig unabhängig davon, ob das Gesagte tatsächlich eine gesellschaftliche Relevanz hat. Die Frauen konnten all ihr Wissen und ihre Informationen nur untereinander oder höchstens in kleinen Gruppen weitergeben. Das Einzige, was Frauen auf öffentlichen Bühnen deklarieren durften, waren ihre eigenen Belange oder die ihrer Kinder und Familien, »Frauenthemen« also. Oder Klagen über ihren Opferstatus, und das machen sie ja bis heute noch, mittlerweile digital und mit Hashtags. #metoo ist keine neue Erfindung.

Aus diesem Grund gibt es in unserer gesamten Geschichte bis heute kaum berühmte Rednerinnen. Die Frauenquote in der Speaker-Szene ist genau wie jene unter Politikerinnen oder sonstigen meinungsbildenden Personen nach wie vor sehr gering. Selbst Domänen, die wirklich den Frauen »gehören«, wie Herd und Küche, werden – sobald es um ihre Bedeutung in der Öffentlichkeit geht – von Männern dominiert. Ich kenne zumindest fast nur männliche Fernseh- und Starköche. Jeden Tag sorgen Milliarden Frauen auf der Welt dafür, dass die Familie etwas zu essen auf dem Tisch hat – aber die Kompetenz für die hohe Schule des Kochens wird den Männern zugesprochen. Weibliche historische Berühmtheiten wie Jeanne d'Arc oder Hildegard von Bingen wurden nur ernst genommen, weil sie behaupteten, Visionen zu haben und dass ihre Worte direkt von Gott (= männlich) kämen. Ihre eigenen Worte hätten niemanden interessiert.

Mansplaining – Schatzi, ich erklär dir mal die Welt

So wie Frauen stundenlang über Probleme reden können, die gar keine sind, können Männer ewig über Dinge sprechen, von denen sie keine Ahnung haben.

Um ihre Unbedarftheit und ihr Unverständnis, sich in andere Menschen hineinzuversetzen, zu verstecken, versuchen Männer besonders schlau zu wirken. Meistens gelingt ihnen das sogar, denn durch ein besonders gutes Verständnis über systematische Zusammenhänge, gepaart mit einer glänzenden Rhetorik, lassen sich Menschen schnell beeindrucken. Wovon ein Mann allerdings besser die Finger lassen sollte, ist, einer Frau etwas zu erklären, worin sie sich de facto besser auskennt. In Amerika wurde für das Phänomen jenes Mannes, der Frauen überheblich-herablassend Dinge erklärt, von denen er fälschlicherweise meint, mehr zu verstehen, ein Begriff geprägt, der mittlerweile die ganze Welt erobert und in Australien sogar schon zum »Wort des Jahres« gekürt wurde: »Mansplaining« – ein Kunstwort aus »Man« und »explaining« (erklären).

Geprägt hat den Begriff »Mansplaining« die amerikanische Schriftstellerin Rebecca Solnit. Sie unterhielt sich mit einem älteren Herrn über ein Buch, hörte sich seine Erläuterungen und Interpretationen dazu an und versuchte erfolglos, ihn in seinem Redeschwall zu unterbrechen. Als sie es endlich schaffte, etwas zu sagen, nahm er sie nicht ernst und erläuterte weiter seine Gedankengänge. Was nicht für ihn spricht, denn sie war die Autorin des Buches. Später stellte sich dann noch heraus, dass er das Buch gar nicht gelesen hatte, sondern nur die Rezensionen dazu. So sind Männer – nicht in der Lage, einer Frau zuzuhören, sich aber in ihrer Selbstherrlichkeit maßlos überschätzend. Ebenso neigen sie dazu, Frauen nicht ernst zu nehmen, sobald sie eine Leistung in einem Feld vollbringen, das der Mann für *seins* hält.

Mir ist neulich etwas Ähnliches passiert. Ich bekam einen Anruf von einem Bekannten, auch jemand, der sehr von sich selbst und seiner Sicht auf die Welt überzeugt ist. Das Gespräch begann folgendermaßen: »Du, ich hatte vor ein paar Tagen eine Eingebung. Ich weiß jetzt, was in deinem Leben schiefläuft, und kann dir genau sagen, was du tun solltest.« Meine kurz anhaltende Sprachlosigkeit füllte er mit lauter guten Ratschlägen, während ich noch überlegte, was genau eigentlich schieflaufen sollte in meinem Leben. Ich habe ihn in dem Glauben gelassen, dass ich seine Ratschläge berücksichtigen würde. Aber ein wenig geärgert habe ich mich, dass mir die passenden Worte gefehlt haben. Wenn ich mich erdreiste, Männern mal eine Empfehlung zu geben, muss ich stundenlange Diskussionen über mich ergehen lassen. Und meistens läuft es dann so, dass die Männer am Ende sogar tun, was ich sage. Die wenigsten geben aber zu, dass der Tipp von mir kam.

Wenn Männer ehrlich wären, würden sie zugeben, dass sie tief drinnen denken, Frauen wären dumm. So wie wir Frauen denken, Männer wären gemein, dabei sind wir es selbst. Wer mir das nicht glaubt, lese das Pamphlet »über den physiologischen Schwachsinn des Weibes« von Paul Julius Möbius oder beschäftige sich mit den Zeugungstheorien der alten griechischen Gelehrten, die glaubten, dass weibliche Föten »kälter« und deshalb nicht ganz »gar« auf die Welt kommen würden. Dass Männer Frauen für dumm halten, haben wir uns alle über die letzten Jahrhunderte eingebrockt, weil die Männer die Wissenschaften, die Wirtschaft und die Politik zu *ihren* Gebieten erklärt und die Frauen gar nicht erst an Universitäten gelassen haben. Und die Frauen haben sich in ihrer Hausfrauenrolle eingerichtet.

Jede Frau kennt das: Männer, die uns die Welt erklären. Ja, es gibt tatsächlich auch brillante Denker, Gelehrte und Gurus. Manche männliche Hirne sind einfach nur genial. Sie sind für viele wichtige menschliche Erkenntnisse und bahnbrechende Innovationen in unserer Welt verantwortlich. Doch oft müssen wir Frauen mit männlichen geistigen Rülpsern vorliebnehmen und sollen dazu noch Beifall klatschen. Interessanterweise hält der Volksmund – der ja bekanntlich neben Kindern und Betrunkenen die Wahrheit sagt – sehr viel mehr Schimpfworte für dumme Männer als für dumme Frauen bereit. Hier eine kleine Auswahl von Beleidigungen, die man nur einem männlichen Wesen an den Kopf werfen würde: »Amöbenhirn«, »Armleuchter«, »Bauerntrampel«, »Blitzmerker«, »Blödmann«, »Depp«, »Denkzwerg«, »Dummschwätzer«, »Einfaltspinsel«, »Evolutionsbremse«, »Flachpfeife«, »Heiopei«, »Holzkopf«, »Hornochse«, »Idiot«, »Intelligenzallergiker«, »Intelligenzverweigerer«, »Nullchecker«, »Schwachkopf«, »Schwachstromelektriker«, »Trottel«, »Vollpfosten«, »Volltrottel«.

Besonders spannend finde ich es, wenn Männer uns Frauen Dinge darlegen, von denen sie definitiv gar keine Ahnung haben *können*. Zum Beispiel über die weiblichen Geschlechtsorgane und wie sich ein weiblicher Orgasmus anfühlt. Ein Top-Mansplainer war Sigmund Freud. Er beschäftigte sich intensiv mit dem weiblichen Orgasmus und hat mehrere Abhandlungen darüber verfasst. Von ihm stammt die Unterscheidung zwischen klitoralem und vaginalem Orgasmus. Er war davon überzeugt, dass ein klitoraler Orgasmus bei Frauen ein »unreifer« Orgasmus ist und erst der vaginale Höhepunkt der »echte«. Aus Sicht männlicher Selbstherrlichkeit ist es klar: Erst durch einen männlichen Penis wird die orgasmische Ekstase der Frau vollkommen. Genau aus diesem Grunde tun sich Frauen überall in der Welt nach wie vor so schwer damit, einen Orgasmus zu bekommen: weil sie niemand über ihren Körper aufklärt und das, was Spaß macht, entweder für dreckig oder eben unreif erklärt wird. Die Funktion der weiblichen Klitoris wurde und wird totgeschwiegen, heruntergespielt oder dieses wichtige weibliche Organ wird Frauen sogar bereits im Kindesalter entfernt. Auch heute noch! Weil Männer *Angst* vor potenten Frauen haben.

Mütter sind übrigens nicht ganz unschuldig daran, dass sich Männer für die Schlausten im Universum halten: Wissenschaftler in den USA haben vor einigen Jahren untersucht, was Eltern googlen, wenn sie Fragen zu ihren Kindern haben. Die Analyse der Suchabfragen ergab, dass Eltern deutlich häufiger googlen: »Ist mein Sohn ein Genie?« als: »Ist meine Tochter ein Genie?« Wenn es um Mädchen geht, fragen Eltern vor allem: »Ist meine Tochter depressiv?«, oder: »Ist meine Tochter übergewichtig?«[4]

Durchtriebene Engel: Frauen

Frauen sind hübsch, brav, nett, harmlos und liebreizend. Und das ist alles nur Teil ihrer Tarnung, damit niemand ihre Hinterhältigkeit bemerkt.

Die Waffen der Frauen sind nicht aus Holz, Stein oder Metall, sondern finden sich auf der psychischen Ebene: heulen, Verachtung, Manipulation und Terror. Frauen sind zickig, launisch, ändern ständig ihre Meinung und reden vor allem über Dinge, die niemand versteht: Gefühle. Und es gibt noch eine Menge mehr an Gemeinheiten, die man(n) auf den ersten Blick nicht erkennt. Frauen bemalen sich die Gesichter, ziehen bunte Kleider an und behängen sich mit glitzerndem Schmuck. Damit wollen sie die Männchen beeindrucken, aber auch andere Weibchen aus dem Feld schlagen. Schönheit ist für die weiblichen Exemplare der Gattung Mensch ein extrem wichtiges Thema, sie sind einen Großteil des Tages mit ihrem Aussehen beschäftigt. Die jüngeren nutzen sogar spezielle Tricks, um Augen und Lippen größer und die Haut frischer erscheinen zu lassen, bevor sie Fotos von sich auf Instagram posten. Viele dieser schönen Frauen sind allerdings Mogelpackungen, denn nach ihrer Heirat hören sie auf, sich schön zu machen. Statt kurzer Röcke tragen sie dann bevorzugt Jogginghosen, und wenn sie Kinder haben, laufen sie mit einem Spucktuch über der Schulter herum. Lausche ich neulich zufällig in der U-Bahn einem Gespräch zwischen zwei Teenagerinnen und höre, wie die eine sagt: »… wennst verheiratet bist, kannst eh fett werden …«

Die Gemeinheit von Frauen ist selten auf den ersten Blick erkennbar. Frauen sind hinterhältig und durchtrieben. Sie werden nicht ausfällig oder übergriffig, sondern »giftig«. Sie können »die Stimmung vergiften« oder »Gift versprühen« oder haben eine Giftspritze in der Handtasche. Mit diesen Wortkombinationen kann man spielen, sie werden aber nur selten im Kontext mit Männern verwendet. Wer hier wiederum den Volksmund befragt und nach typischen »weiblich« konnotierten Schimpfwörtern und Beleidigungen recherchiert, stößt auf: »Biest«, »Beißzange«, »Bitch«, »Furie«, »(Gewitter-)Hexe«, »Giftspritze«, »Heulsuse«, »Hausdrachen«, »Kratzbürste«, »Miststück«, »Nebelkrähe«, »Psychotante«, »Satansbraten«, »Schlange«, »Tasmanischer Teufel«, »Teufels Großmutter«, »Xanthippe« (die zänkische Ehefrau von Sokrates), »Zicke«, »Ziege«, »Zimtziege«.

Wenn Frauen reden, sprechen sie in Rätseln. Sie nutzen eine »Geheimsprache«, die sich auf ihre innersten Gefühle und Gedanken bezieht und die niemand außerhalb ihres eigenen Kopfes nachvollziehen kann. Frauen untereinander haben sich darauf geeinigt, dass sie immer so tun, als wüssten sie, worum es geht. Nachdem sie ihre Gefühle ausgebreitet haben, kommt garantiert ein verschwörerisches »Du weißt schon, was ich meine«. Ich mache mir manchmal einen Spaß daraus zu antworten: »Ähm, nö, keine Ahnung, was meinst du denn?« Für Männer ist es schwer bis unmöglich, den Gedankengängen einer Frau zu folgen, da diese keinerlei Systematik haben. Die Gefühls-Geheimsprache setzen Frauen auch ein, wenn es um Fakten geht. Denn mit Fakten wollen sich Frauen nur ungern beschäftigen. Sie reden so lange um den heißen Brei herum, bis man vergessen hat, was man eigentlich wissen wollte. Wer mir nicht glaubt, möge mal eine Frau fragen, wie viel sie mit ihrer Selbstständigkeit – die alibimäßig als Hobby ausgeübt wird, weil der Lebensunterhalt anders gesichert ist – mit den Cremes, Vitaminpillen, Halsketten oder Dildos verdient, die sie nebenbei an ihre Freundinnen vertickt.

Frauen sprechen gerne von einem ominösen »Bauchgefühl«, das ihnen bei ihren Entscheidungen helfe. Das hat nichts damit zu tun, dass sie vielleicht zum Gastroenterologen gehen sollten, sondern damit, dass es eine gute Ausrede ist, völlig unlogische Entscheidungen zu rechtfertigen. Nichts gegen Bauchgefühle, nur Frauen neigen bisweilen dazu, »Bauchgefühl«, also das, was man vielleicht als Intuition bezeichnen könnte, mit »Laune« zu verwechseln. Launen sind etwas völlig anderes, sie fühlen sich aber ähnlich an. Launen sind die perfekten Selbstsabotage-Mechanismen. Launen ändern sich wie das Wetter: oft unvorhersagbar. Eine mögliche Unterscheidung zwischen Bauchgefühl und Laune könnte sein, dass Ersteres uns vor realen Gefahren warnt, wohingegen Letzteres vor allem als Rechtfertigung von Frauen eingesetzt wird, wenn sie auf etwas keine Lust haben. Zum Beispiel auf Sex. Oder wenn es darum geht, den Mann zu einem Termin zu begleiten, der ihm, aber nicht ihr, wichtig ist. Müdigkeit, depressive Gefühle, Ärger, Frust, Ängstlichkeit, Genervtsein, Intrigen und Machtgier sind typische Beispiele von Launen. Launen sind subtil. Mann fragt: »Ist was?« Frau sagt: «Nein, wieso?« Mit diesem bestimmten Unterton. Dieser Unterton, das ist die Laune.

Ansonsten sind Frauen wunderbare, aufmerksame, weise und rigoros liebende Wesen. Bei ihnen ist jeder willkommen und sie sorgen dafür, dass es allen um sie herum gut geht. Durch sie werden Wohnungen, Häuser, Schreibtische und Büros und letztendlich die ganze Welt schöner, bunter und vielfältiger. Es sind immer Frauen (oder Männer, die ihre weiblichen Anteile lieben und leben), die die Blumen auf den Tisch stellen, egal ob zu Hause oder im Besprechungsraum. Frauen sind am Ende diejenigen, die Frieden in die Welt bringen werden, denn sie haben kein Interesse an Kriegsspielen. Es müssten viel mehr Frauen in den Regierungen und an den Schalthebeln der Wirtschaft agieren, dann hätten wir *alle* viel mehr Freude im Leben! Wenn Frauen es schaffen, ihr Herz rigoros zu öffnen, verkörpern sie bedingungslose Liebe und Weisheit, und jeder fühlt sich wohl bei ihnen. Frauen kümmern sich um alle und sorgen dafür, dass alle versorgt und gefüttert werden und niemand auf der Strecke bleibt. Das tun sie so lange aus vollem Herzen, wie sie selbst glücklich sind und aus der Fülle schöpfen. Frauen, die auf Dauer zu kurz kommen und ausgenutzt werden, zahlen es allerdings irgendwann allen anderen heim. Dann werden sie zu Zicken und Hexen, sie urteilen, statt zu lieben, und sie verbreiten überall schlechte Stimmung.

Frauen, die Saubermänner der Nation

Eines der hartnäckigsten Klischees über Frauen ist, dass es sie entzückt, wenn Haus, Wäsche und Kinder blitzsauber sind. Doch auch das ist Tarnung.

»So viel Wäsche, so frisch und so sauber ... Das schafft: der weiße Riese.« Das Lebensgefühl der Hausfrau in der Nachkriegszeit war geprägt von weißer Wäsche. Blütenweiße Bettwäsche auf kilometerlangen Leinen schien damals eine hohe Bedeutung zu haben, denn es gab viel Werbung für Waschmittel. Einfach nur »sauber« reichte nicht, Wäsche der guten Hausfrau war »rein«. Irgendwann zu dieser Zeit erschien auch Meister Proper auf der Bildfläche, der der Hausfrau dabei half, den Haushalt auf Vordermann zu bringen. Ist mal wieder typisch: Die Frau war zuständig fürs Putzen, aber die Kompetenz hatte ein Mann! Haus, Wäsche, Geschirr, überhaupt alles im Haus musste bei einer guten Hausfrau besonders rein und sauber sein. Das war der Spirit der 50er-, 60er- und 70er-Jahre in Westdeutschland. Hausfrauen waren auch entzückt, wenn sie einen guten Kaffee aufgebrüht oder einen leckeren Kuchen für ihren Mann gebacken hatten, doch das mit der weißen Wäsche war schon besonders auffällig. Das Image der »reinen« Frau war in der Nachkriegszeit schwer in Mode, und diese Auffassung zieht sich durch die Geschichte und durch die Welt. Dieser Ansatz ist uralt. Denn: Frauen und Reinheit, das gehört irgendwie zusammen – beziehungsweise es gehört *nicht* zusammen. Denn das bezieht sich vor allem auf das, was wirklich »schmutzig« ist: Sex.

Viele Kulturen und Religionen vermitteln seit Jahrtausenden, dass alles, was mit der weiblichen Sexualität auch nur im weiteren Sinne zu tun hat, unrein ist. Das bezieht sich nicht nur darauf, dass Jungfrauen, also »reine« Frauen, für fast alle Männer in der Welt hochbegehrenswert sind. Neulich erzählte mir eine Bekannte, eine in Brasilien geborene Amerikanerin, von ihren ersten sexuellen Erfahrungen mit ihrem heutigen Mann, einem sehr religiösen amerikanischen Mormonen. Die ersten zwei Jahre lang hatten die beiden nur Oralverkehr – denn der gilt nicht als Sex vor der Ehe. Interessantes Detail: Wenn sie ihm einen geblasen hatte, war alles easy, doch umgekehrt hat er darauf bestanden, Frischhaltefolie zu nehmen, wenn er sie leckte. Und das galt nicht ihrem Schutz, sondern seinem. Für ihn war es völlig undenkbar, sich mit seinem Mund ungeschützt ihrem Geschlecht zu nähern.

Auch die natürlichste weibliche Sache der Welt – die Menstruation – ist eine sehr umstrittene Sache. Bei den strenggläubigen Juden beispielsweise müssen sich Frauen jedes Mal nach der Menstruation rituell reinigen, damit sie wieder Geschlechtsverkehr haben dürfen. Vor der Entstehung der patriarchalen monotheistischen Religionen gab es viele Kulturen, in denen die Tage der Frau als heilig galten, weil Frauen dann besonders empfänglich für Visionen und Botschaften aus der geistigen Welt sind. Ich habe in diesem Kontext einmal die Empfehlung gelesen, dass es eine unglaubliche Erfahrung sein soll, sich als Frau während der Tage mal nackt auf eine Wiese zu setzen oder in den Wald zu bluten. In unserer modernen Kultur wird eher alles dafür getan, dass frau von der ganzen Sache gar nichts mitkriegt. Soft-Tampons beispielsweise ermöglichen komfortablen und komplett unblutigen Sex während der Tage. In Internetforen wird diskutiert, ob Menstruationstassen spülmaschinenfest sind. Alternativ lässt frau sich gleich eine Hormonspritze geben, damit sie gar keine Tage mehr bekommen muss. Oder

der Menstruation wird ein moderner, schicker Anstrich gegeben, zum Beispiel wird auf Internetforen die »Erdbeerwoche« ausgerufen.

Ohne uns dessen bewusst zu sein, reproduzieren wir immer wieder neue Varianten des weiblichen Sauberkeitskults. Ich warte nur drauf, dass Meister Proper als Intimhygiene-Spray im Supermarktregal steht. Vielleicht wäre es besser, dazu zu stehen, dass »dreckig sein« gar nicht so schlimm ist, oder womöglich, dass wir es sogar mal dreckig mögen? Dass weibliche Sexualität genau wie jene des Mannes überhaupt von Natur aus einfach dreckige Anteile hat? Speichel, Sperma, Schweiß, Blut ... alleine eine Geburt ist diesbezüglich ja eine riesengroße Sauerei. Ich habe letztens eine Fotostrecke von Paaren gesehen, die während der Menstruation der Frau Sex hatten und hinterher von einer Fotografin abgelichtet wurden. Das Betrachten dieser Bilder hat sehr ambivalente Gefühle in mir ausgelöst. Irgendwie war es eklig, aber etwas Erotisches hatte es andererseits auch.

Die Religionen haben es geschafft, ihren weiblichen Mitgliedern eine schwere Identitätsspaltung zu verpassen, die so tief im Unbewussten vergraben ist, dass sie kaum jemandem überhaupt nur auffällt. »Heilige« und »Hure«, das können wir nicht zusammen denken, egal wie sehr wir uns emanzipieren. Und am Ende wird die Heilige immer einen Punkt mehr haben, immer ein kleines Quäntchen besser abschneiden. Wir können einfach nicht dazu stehen, dass wir auch jede Menge Dreck am Stecken haben. Die Heiligen und Huren begegnen uns überall. Selbst bei der Vorzeige-Frauen-Sex-Serie »Sex and the City« läuft es doch so: Die Frauen sollen als selbstständige, freie Frauen dargestellt werden, aber im Grunde genommen drehte sich alles nur darum, dass die Hauptprotagonistin ihren reichen Kerl kriegte, der sie dann heiraten musste. Die Anwältin rieb sich zwischen Job und Kind auf, bis sie beruflich zurücksteckte und darin ihr Glück entdeckte. Eine der Frauen war immer schon das

Weibchen, die nur geheiratet werden wollte, und damit irgendwie die Konsequenteste, weil sie einfach zu dem stand, was sie wollte: einen Mann und Kinder. Und dann gabs noch die, die der Vamp war, bis ein Mann sie kurzfristig domestizierte. Sie fand dann aber wiederum ihr Glück nur darin, dass sie »frei« war. Bei dieser Figur hieß das allerdings, dass sie grundsätzlich ohne Liebe vögelte. Drei Heilige, eine Hure. Es gibt keine weiblichen Identifikationsfiguren, die beides sind, und die wären auch gar nicht gewollt. Menschen, die zu ihrer inneren Drecksau stehen, sind eine Gefahr für die Gesellschaft. Denn sie sind frei im Geiste und nicht mehr manipulierbar, und weder Staaten noch Religionen haben ein Interesse an freien Geistern. Die sauberen, blitzblank polierten Gutmenschen – und das gilt natürlich auch für Männer – sind oft besonders gläubige Schäflein, deshalb sind sie in den Kirchen und bei Politikern so beliebt.

Psychotanten und Dreckschleudern

Entgegen ihrem wohlgepflegten Image als Sauberfrauen sind Frauen in Wahrheit ziemliche Dreckschleudern. Zumindest, wenn sie den Mund aufmachen und über ihre Männer reden.

»Mein neuer Freund ist super, ich mag den total, aber er ist spirituell noch nicht so weit wie ich, der schwingt auf einer niedrigeren Schwingung. Mal sehen, wie lange das gut geht«, sagte kürzlich eine Bekannte zu mir, als ich mich erkundigte, wie es ihr in ihrer neuen Beziehung geht. Ich frage mich, ob er das weiß – das mit seiner niedrigen Schwingung.

Was aus dem Mund von Frauen kommt, wenn sie über ihre Männer reden, erschreckt mich immer wieder. Wie abfällig und gemein! Das tun sie teilweise sogar, wenn der Mann daneben steht. Wenn Frauen den Mund aufmachen, kommt ganz schön viel Müll raus. Gleichzeitig versuchen sie, besonders nett zu wirken. Sie reden mit einer hohen, melodiösen Stimme, oft sehr leise bis hauchend, manchmal schauen sie dabei von schräg unten und halten den Kopf etwas schief. Klatsch und Tratsch, stänkern, lästern, meckern, sich mokieren und über andere herziehen – das alles beherrschen Frauen deutlich besser als Männer. Und sie machen auch vor ihresgleichen nicht Halt. Wer sich am meisten das Maul zerreißt, wenn eine Frau im Ort unpassende Klamotten trägt oder ein paar Kilo zugenommen hat, sind immer die anderen Frauen. Frauen haben für ihresgleichen haufenweise gute Ratschläge in der Tasche – egal ob diese das wollen oder nicht. Frauen haben die Kunst des Lästerns so perfektioniert, dass bereits Blicke, Gesten und ein bestimmter Tonfall ausreichen. Sie sind Meisterinnen darin, andere ins Messer laufen zu lassen und selbst mit großen unschuldigen Augen das Massaker anzuschauen: Eine Frau beschwert sich bei ihrer besten Freundin über ihren Mann. Sie erzählt Details aus dem Schlafzimmer und aus der Ehe und dass der Mann ein ziemlicher Idiot sei. Bei ihrem Mann hingegen lästert sie über ihre beste Freundin und sagt Dinge wie: »Kein Wunder, dass die es immer noch nicht geschafft hat, einen Typen abzukriegen, die ist ja immer so zickig!« Und wenn sich dann alle dreimal treffen, tut die Frau gestresst, weil ihr Mann mit ihrer Freundin nicht klarkommt und ihre Freundin nicht mit ihrem Mann. Das Ergebnis einer solchen Ménage-à-trois: Der Mann ist ein intoleranter Arsch und die Freundin eine neidische, blöde Kuh – und die Frau hat endlich wieder einen Grund, sich bei beiden zu beschweren.

Jede Frau kennt so eine Energiesauger-Freundin oder -Kollegin, die nur jammert, sich über Hinz und Kunz beschwert und sich selbst als Opfer der Umstände und der anderen Menschen um sie herum erlebt. Diese Gespräche enden meistens darin, dass sie in Tränen ausbricht. Ein Telefonat mit einer solchen Freundin, und du fühlst dich, als hätte dir jemand den Stecker gezogen. Interessanterweise merkt man während des Gesprächs oft nicht, wie viel Energie das kostet. Das Beschweren und Lästern über andere Menschen hat nämlich auch irgendetwas perverses Lustvolles. Ehe du dich versiehst, lästerst du fleißig mit, und irgendwas fällt dir garantiert ein, was du beisteuern kannst. Lästern ist ansteckender als jeder Erkältungsvirus.

Wenn Frauen nicht lästern, geht es in ihren Gesprächen um ihre Gefühle, psychische Entwicklungen und intensive Veränderungsprozesse. Und das in einer Art hypnotischer Sprache, die so allgemein gehalten ist, dass man sich darin schnell wiederfindet, obwohl man gar nicht genau weiß, worum es geht. Es klingt aber immer sehr bedeutsam. Frauen können über ihre Gedanken und Gefühle lange Facebook-Postings verfassen und bekommen dafür viele Likes: von anderen Frauen, die auch in ominösen Veränderungsprozessen stecken. Ebenso von Männern, die sich einschleimen wollen, obwohl sie nicht verstehen, worüber hier geschrieben wird. Und das ist der Punkt: Eigentlich gibt es gar nichts zu schreiben. Weil sich nichts verändert. Die Frauen haben den gleichen Job, den gleichen Partner, das gleiche Haus, den gleichen Tagesablauf, die gleichen Freunde, neu ist höchstens mal ein Paar Schuhe. Reale Veränderungen im Leben hätten reale Konsequenzen: ein neuer Job, ein neuer Partner, ein Umzug, eine Geburt, eine Trennung, ein Coming-out. Solche Veränderungen passieren nicht alle paar Wochen, doch wenn sie passieren, haben sie eine einschneidende Wirkung auf das gesamte Leben. Man wird in der Regel nie mehr in die gleiche Wohnung ziehen, aus der man einmal ausgezogen ist, nie noch mal den gleichen Job annehmen, den man gekündigt hat, weil er einen ankotzt. Die allermeisten Menschen heiraten nicht den gleichen Partner ein zweites Mal. Auch wenn jemand stirbt, verändert sich etwas unwiederbringlich. Interessanterweise schreiben oder sprechen die hier erwähnten Frauen nie in solchen wirklich bedeutsamen Momenten über »Prozesse«, sondern immer nur, wenn nichts los ist in ihrem Leben. Und wer nachfragt, bekommt garantiert wieder so einen Satz wie »Du verstehst schon, was ich meine« zur Antwort.

Frauen beherrschen es zudem wunderbar, andere Frauen schlecht dastehen zu lassen und hässlich zu machen, das schaffen sie schon alleine mit ihrer eigenen Ausstrahlung. Manche Frauen setzen sich so in Szene, dass jede Frau neben ihnen verblasst. Das nennt man Frauenkonkurrenz oder Stutenbissigkeit. Wer kennt das nicht: Du hast dich schick gemacht und kommst bestens gelaunt auf eine Party, und dort schäkert eine supergut aussehende Tussi verführerisch mit den Männern herum und zieht alle in ihren Bann. Wie auf Knopfdruck fühlst du dich hässlich. Der Abend ist gelaufen. Es gibt Frauen, die sind wunderschön, und du kannst eine tolle Party mit ihnen erleben. Und es gibt Frauen, die dich mit ihrer Schönheit plattmachen. Konkurrenz tötet Sinnlichkeit und Spaß! Und sie macht einsam. Der indische Philosoph Krishnamurti hat gesagt: »Die subtilste Form von Gewalt ist der Vergleich.« Konkurrenz unter Frauen läuft deutlich subtiler ab als die unter Männern, ist aber dennoch sehr verletzend. Konkurrenz bedeutet, jemand anders *auszustechen*. Wobei Frauen sich nicht gleich umbringen wie die Männer, die sich auf öffentlichen Plätzen duellieren. Doch auch Blicke können töten.

Tickende Emotionsbomben

Ist es eine schlechte Angewohnheit von Frauen, ihren Emotionen freien Lauf zu lassen, oder muss das so sein?

Eine Frau kann aus heiterem Himmel eine riesige Szene machen und mit einer Emotionskeule um die Ecke kommen, die jeden Mann plattmacht. Originalzitat eines Mannes: »Sie kann wegen Kleinigkeiten total ausflippen und mich anschreien. Für mich kommt das meistens völlig unerwartet. Ich weiß dann nur: Irgendwas habe ich wohl falsch gemacht.«

Ist es die Mischung aus Empathie und Launen sowie ihre Unfähigkeit, im richtigen Moment in ruhigem Tonfall etwas zu sagen, die bei Frauen zu solchen unberechenbaren Zuständen führt? Es ist ja nicht so, dass Männer keine Emotionen hätten. Jeder Mensch hat sie, und letztlich ist das eines der Dinge, das uns vom Rest der Säugetiere unterscheidet. Nur haben die meisten Kulturen auf der Welt sich geeinigt, dass Emotionalität keine männliche Eigenschaft ist und Männer ihre Emotionen nicht zeigen dürfen. Männer, die weinen? Wie oft sehen wir das? Männer, die zugeben, dass sie sich vor Angst fast in die Hose machen? Babys und Kleinkinder weinen alle gleich viel, egal ob Junge oder Mädchen. Doch irgendwann kommt ein Scheidepunkt, irgendwann weinen die Jungs nicht mehr, und die Frauen beginnen Weinen unter anderem dafür zu nutzen, um Männer zu manipulieren. Männer weinen oft zum ersten Mal erst wieder, wenn in ihrem Erwachsenenleben ein sehr wichtiger Mensch stirbt. Und selbst dann tun sie sich sehr schwer damit. In unserer Kultur – und in zahlreichen anderen Kulturen auch – wird schon bei kleinen Jungs alles, was mit Gefühlen zu tun hat, entweder ignoriert oder wegerzogen – »Indianer kennen keinen Schmerz« oder »Männer müssen stark sein«. In einem psychologischen Magazin habe ich den Satz gelesen, dass Jungs eher Hilfe von Erwachsenen bekommen, wenn sie Probleme *verursachen,* und nicht, wenn sie Probleme *haben.* Probleme zu haben, ist ein Tabu bei Männern. Sie gelten als »Weicheier«, wenn sie um Hilfe bitten und ihren Kram nicht selbst regeln können.

Männer lernen den Umgang mit Emotionen nicht, weil ihnen niemand zugesteht, überhaupt welche zu haben. Bei Frauen ist es umgekehrt. Die Bilder von emotionalen Frauen sind so verbreitet, dass niemand auch nur auf die Idee kommt, dass ein bisschen weniger davon nicht schaden würde.

Frauen hören es äußerst ungern, dass sie emotional sind. Denn das Wort »emotional« ist ziemlich negativ assoziiert. Und natürlich benutzen Männer es auch gegen die Frauen. Wir wollen alle immer gut dastehen, und in der heutigen Zeit, wo jeder über dreißig mindestens eine Therapie hinter sich hat, gilt es als Statussymbol, seine Emotionen im Griff zu haben. Ich habe in einem Vortrag zum Thema Erfolgsfaktoren für Führungskräfte gehört, das wichtigste Statussymbol wäre heute nicht mehr eine Finca auf Mallorca oder ein fettes Auto, sondern die Fähigkeit, »souverän« zu sein. Souveränität, der neue Porsche? Den Vortrag hat ein Mann gehalten, ich glaube, bei Frauen wäre das eher so etwas wie »hochsensibel«. Klingt auch viel souveräner als »emotional«.

Einer der Gründe dafür, dass normale nette Frauen zu Emotionsbomben mutieren, ist, dass sie sich vorher zu Märtyrerinnen gemacht haben. Diese Frauen wollen es immer allen besonders recht machen, sie kümmern sich neben ihrem Job noch um Haushalt, Hund, Kinder, Tanten, Omas, die Blumen der Nachbarin und den Liebeskummer der

Kollegin. Selbst wenn überhaupt keiner erwartet, dass der Haushalt blitzblank ist, opfern sie sich auf und schrubben hinter Betten, putzen Schränke, baggern Wäscheberge weg. Dann wird noch gekocht und ein Nachtisch gezaubert und natürlich am gedeckten Tisch mit gebügelter Tischdecke gegessen. Doch wehe, der Mann hat auf dem Heimweg schon eine Currywurst verdrückt und deshalb gar keinen Hunger. Eine Freundin erzählte mir, dass sie gelegentlich selbst Märtyrerinnen-Züge an sich entdeckt: Sie hetzt sich jeden Tag mordsmäßig ab, um nach der Arbeit für die Familie abends noch kochen zu können, und gibt sich dabei unglaublich viel Mühe, damit alles schön frisch, bio und gesund ist. Alleine dass sie, nachdem sie ihr Kind aus der Krippe holt, in drei verschiedenen Läden einkaufen muss, kostet sie inklusive Parkplatz suchen über eine Stunde – und das mit Kind im Schlepptau. Sie flippt jedes Mal aus, wenn das alles nicht in riesengroßen Tönen von ihrem Mann und dem Zweijährigen wertgeschätzt wird. Sie kam schließlich selbst auf die Idee, dass sie vielleicht einfach mal eine Tiefkühlpizza machen könnte und das wahrscheinlich noch nicht mal jemandem auffallen würde.

Getarnte Dominas

Kontrolle ist ein riesengroßes Thema zwischen Menschen. Nicht nur Männer – auch manche Frauen sind besonders stark davon getrieben, und die sollten lernen, auch mal nachzugeben. Oder den Beruf wechseln und für ihr Kontrolltalent Geld nehmen.

Eine Domina ist eine Frau, die Ansagen macht und andere professionell dominiert und demütigt. Dafür geben ihre Kunden – vornehmlich Männer – ihr viel Geld. Getarnte Dominas sind Frauen, die nicht in diesem Beruf arbeiten, sich aber sehr ähnlich verhalten, vor allem in ihren Beziehungen. Das sind die, bei denen die (Ehe-)Männer von morgens bis abends kuschen und nur wenig zu sagen haben. Das sind auch die Frauen, die ständig Stress mit ihren Chefs haben, egal wer ihnen vorgesetzt wird. Klar, sie wollen selber bestimmen! Die meisten dieser Frauen wissen nicht, dass sie Naturtalente als Dominas wären, denn sie sind viel zu moralisch, um zuzugeben, dass es ihnen Spaß macht, wenn alle nach ihrer Pfeife tanzen. Dominas sind diejenigen, die bestimmen. *Immer.* Gehen wir in die Kneipe oder ins Kino? Urlaub am Meer oder in den Bergen? Bringst du den Müll runter oder ich? Jeder darf Vorschläge machen, aber die Domina setzt sich durch. Sie bestimmt. Auch wenn es um die Kontaktaufnahme mit ihr geht. Sie ruft nicht zurück, wenn man sie darum bittet, sie geht aber auch nicht ans Telefon, wenn man sie anruft. Sie bestimmt selbst, wann sie mit dir sprechen will, und ruft dich genau dann an. Falls du in dem Moment nicht sprechen kannst oder möchtest und versuchst, sie wegzudrücken, wird sie dreißigmal anrufen, bis du endlich mürbe wirst und abhebst. Männer beherrschen auch solche Kontrollspiele, nur bei ihnen kann man davon ausgehen, dass sie kein Interesse haben, wenn sie sich nicht melden. Frauen lernen in Flirtbüchern solche Dinge wie, dass sie nicht zurückrufen sollen, um sich für den Mann interessant zu machen. Und sie haben Spaß daran! Dominas stecken hinter braven Hausfrauen, guten Freundinnen und fleißigen Kolleginnen. Sie arbeiten als Sekretärin oder Rezeptionistin in Firmen, wo sie gleich mal alle, die etwas wollen, einschüchtern. Denn einschüchtern können sie ähnlich gut wie Männer. Die Dominas sind eher die »männlichen« Frauen, die, die sich nichts sagen lassen und alles im Griff haben. Kontrolle behalten zu wollen, ist ein männliches Thema, Kontrolle eine starke männliche Kraft. Vielleicht ist es Ausdruck unserer männlich dominierten Welt, dass wir uns alle gegenseitig kontrollieren. Das ist allerdings fürchterlich anstrengend, denn daraus entstehen ständige Machtkämpfe. Es müsste mal einer damit anfangen, nachzugeben und lockerzulassen.

Wenn eine solche getarnte Domina dazu steht, wer sie ist, und ihre Maske fallen lässt, wird sie zu einer charismatischen Persönlichkeit. Starke Frauen, die sagen: »Ich weiß, was ich will, und setze das auch durch«, sind cool. Männer lassen sich gerne von solchen Frauen führen. Starke Frauen, die hingegen so tun, als wären sie sanfte harmoniebedürftige Häschen, sind eine Irritation, und sie dürfen sich nicht wundern, wenn sie nicht ernst genommen werden. Alle um die authentische starke Frau herum können eine Menge Spaß haben, und zwar auch und besonders ihr Partner. Spiele mit Macht und Unterwerfung können extrem sexy sein. Für manche könnte es tatsächlich sogar eine Berufung sein, als Domina ihr Geld zu verdienen. Ich kenne mittlerweile einige Frauen, die sich getraut haben, in einem Domina-Studio anzuheuern und damit viel mehr Geld zu verdienen als in ihrem Job als Sekretärin oder mit Multilevelmarketing. Für einen Mann ist es vielleicht ebenfalls angenehm, wenn die Frau ihn mal in Ruhe lässt und stattdessen Geld mit nach Hause bringt.

Warum Verliebtsein meist im Horror endet

Verliebtsein ist eine Mogelpackung, denn es macht uns zu Egoisten. Oft verhindert es sogar echte Liebe.

»Also ich würde den Horst nicht heiraten«, sagt eine Bekannte, Ende vierzig, zu mir, als ich ihr von meiner Hochzeit vor ein paar Monaten erzähle. Sie lacht, nippt an ihrem Prosecco, guckt ziemlich abschätzig und meint dann: »Ich will das nicht grundsätzlich ausschließen mit dem Heiraten, aber ihn heirate ich nicht.« Ich hatte gedacht, sie und Horst wären längst verheiratet. Sie leben zusammen, haben ein kleines Kind. Die beiden wirkten eigentlich immer glücklich. Ich habe sie allerdings drei, vier Monate nicht gesehen. Nun scheinen sie sich wohl zu trennen. Sie meint jedenfalls, er sei ein riesengroßer Arsch. Was nach außen wie große Verliebtheit wirkte – und wahrscheinlich auch mal war –, scheint mittlerweile echter Stress geworden zu sein. Jetzt geht es um Anwälte, Trennungsunterhalt und Wechselmodell und dass sie das Kind dem Papa am liebsten gar nicht überlassen würde, weil sie fürchtet, dass es dann nur noch Dosenravioli zu essen bekommt.

Ein befreundeter Mann erzählt mir eine Woche später: »Es kann doch nicht sein, dass wir uns so lange fertigmachen, bis wir beide unter der Erde liegen!« Er steckt seit Jahren in einer On-Off-Beziehung fest. Ich kenne ihn schon länger und frage mich seit mindestens zwei Jahren, warum er sich nicht endlich trennt. Er schwankt immer wieder zwischen höchster Euphorie und tiefster Verzweiflung. Mittlerweile leiden beide unter diversen psychosomatischen Erscheinungen und hängen ständig bei Ärzten und in Kliniken herum, doch loslassen können sie einander nicht. Nach dem großen Drama, das sich immer an Kleinigkeiten und Lappalien entzündet und dann hochkocht, kommt regelmäßig die noch größere Versöhnung. Er meint scherzhaft, er fühle sich wie im Kindergarten, worauf ich ihm nur todernst antworten kann, dass Kinderkartenkinder sich deutlich vernünftiger benehmen.

Die Illusion der Verliebtheit, man hätte *den* Menschen gefunden und könne ohne ihn nicht mehr leben, ereilt Menschen immer wieder wie eine Sucht. Wunderbar, wenn aus Verliebtsein Liebe wird. Doch häufig artet der Hormoncocktail des *Ver-liebens* in echten Horror aus, weil beide völlig unterschiedliche Dinge im Leben wollen. Der Mensch, den man am meisten hasst, ist üblicherweise der, den man mal am meisten geliebt hat. Beziehungen dieser Art entwickeln sich im Laufe der Zeit meistens zu Dramen. Das Interessante ist, dass das von außen betrachtet oft wie eine Komödie wirkt. Die lustigsten Kabaretts, Witze und Filme handeln von den Unmöglichkeiten menschlicher Liebesbeziehungen. Es gibt nur wenig zwischen Drama und Komödie, und das ist Langeweile.

Ich hatte selbst mal eine Beziehung mit einem Mann, bei der jeder außer mir gesehen hat, dass es überhaupt nicht passte, weder von unseren Werten noch von unseren Zielen oder von unseren Temperamenten her. Aber ich habe mir ein Jahr lang eingeredet, dass das doch etwas werden muss, weil ich so verliebt war. Ich habe mich ihm zuliebe verbogen und meine wichtigsten Werte infrage gestellt. Er genauso. Ich wollte unbedingt ein Kind, er nicht. Ich war gerade dabei, beruflich voll durchzustarten, er war deutlich älter und hat sich auf die Rente gefreut. Am Ende war diese Zeit ein einziger Horror. Pünktlich alle zehn Tage gab es riesengroßen Streit, und ich habe mich die ganze Zeit gefühlt, als wäre etwas falsch mit mir. Ständig lag Spannung in der Luft, und man wusste nie, wie ein Tag enden würde. Mich mit ihm zu unterhalten, war wie über ein Minenfeld zu laufen, nie wissend, wann die nächste Bombe hochfliegt, weil eines meiner vielen Worte ihm nicht in den Kram passte. Ich hatte wenig zu lachen und er auch nicht. Gott sei Dank hat er irgendwann die Reißleine gezogen. Ich war ihm zu aufgedreht. Kurze Zeit später hatte ich dann eine Beziehung, in der ich zwar viel gelacht, aber noch viel größeres Drama erlebt habe. Dieser Mann hat mir die heftigsten Liebeserklärungen gemacht, die ich je bekommen habe, aber gleichzeitig hat er mich immer auf Distanz gehalten, er wollte nur selten Sex, wollte sich nicht zu häufig mit mir treffen, von zusammenziehen ganz zu schweigen. Es war das einzige Mal in meinem Leben, dass ich einen gesamten Straßenzug zusammengebrüllt und Steine an ein Fenster geworfen habe, weil er mich nicht sehen wollte. Diese Beziehung endete nach wenigen Monaten in einer fulminanten Szene mitten in der Nacht am Münchner Hauptbahnhof. Beziehungen können unglaublich anstrengend sein. Die Weiterführung bis zum Horror lässt sich im Film »Der Rosenkrieg« mit Michael Douglas und Kathleen Turner verfolgen.

In einem Interview mit einem Paartherapeuten las ich sinngemäß den Satz, dass in Therapien meistens der lieblose Mann als der Schuldige dargestellt wird. Der Mann, der nicht mehr zärtlich zu seiner Frau ist, der ihr keine (körperliche) Zuneigung mehr gibt. Der Therapeut stellt die These auf, dass einem lieblosen Mann womöglich eine lieblose Frau vorausgeht. Na ja, einer fängt halt damit an, und das ist gar nicht mal so selten die Frau! Ich erlebe es ständig in meinen Coachings. Die Männer gelten als die Schuldigen, aber was hat die Frau vorher gemacht? Viele Männer entwickeln beispielsweise verzweifelte Strategien, um ihre Frauen körperlich zu erreichen, wohingegen die Frauen Strategien entwickeln, sich den Mann vom Hals zu halten. Einmal hat sich ein Mann an mich gewandt, der völlig verzweifelt war, weil seine Frau sich hässlich fand und angeblich aus diesem Grund nicht mehr von ihm angefasst werden wollte, von Sex ganz zu schweigen. Er fand sie aber sehr attraktiv und versuchte ihr zu beweisen, dass sie eine schöne Frau war. Sie hat ihn über Jahre abblitzen lassen und alles Mögliche vorgeschoben. Seine letzte Strategie war leider nicht die klügste. Er stellte freizügige Fotos von ihr in ein Erotik-Portal ein und zeigte ihr die Anzahl der positiven »Likes« und Komplimente, um ihr zu beweisen, dass sie attraktiv ist. Ich habe nur noch mitgekriegt, dass sie ausgezogen ist und er nicht verstanden hat, warum sein Liebesbeweis keine gute Idee gewesen ist.

In einem Interview zum Thema sexuelle Selbstbestimmung wurde die Frage gestellt: »Hattest du schon mal Sex, ohne dass du wirklich Lust darauf hattest?« Eine junge Frau Anfang zwanzig antwortete, sie habe eine feste Beziehung und finde das Thema »echt schwierig«. Wenn sie Stress habe, wolle sie keinen Sex, und wenn sie Käsefondue esse, auch nicht (das scheint bei ihr öfter vorzukommen). Wenn ihr Körper sich nicht wohlfühle, wolle sie sich nicht dazu zwingen. Sie meinte gleichzeitig, ihren Freund würde das ziemlich deprimieren. Und dann sagte sie: »Das Einzige, was da hilft, ist reden.« Da frag ich mich, worüber will sie reden? Hey, Mädel, du könntest deinem Kerl auch einfach einen runterholen, wenn dich der Käseklumpen im Magen stört. Das würde sicher auch helfen! Aber nein, Frauen wollen reden. Und dann wundern sie sich, wenn ihre Beziehungen nicht lange halten. Und der Typ? Er könnte ja genauso gut einfach für sich selbst sorgen. Aber er ist lieber deprimiert.

Was sind die Deals in solchen Beziehungen? Warum sind wir so fürchterlich egoistisch und offensichtlich nicht in der Lage, etwas unserem Partner zuliebe zu tun, weil es uns selbst gerade gegen den Strich geht? Ich erlebe bei sehr vielen

Paaren, die nach der Verliebtheitsphase die erste Krisenzeit durchmachen, dass alles ziemlich ernst wird. Jeder ist mit sich selbst und seinem eigenen Vorteil aus der Beziehung beschäftigt. Jeder will etwas haben: Liebe, Zuneigung, Berührung, Sex, eine schöne gemeinsame Zeit, tolle gemeinsame Urlaube, jemanden, der einem zuhört und die Füße massiert. Sobald dieser Vorteil nicht mehr gegeben ist, überlegt man, sich wieder zu trennen. »Ich liebe dich nicht mehr« oder so ähnlich heißt das dann. Bei den meisten ist das eine Lüge. Sie haben noch gar nicht angefangen, den anderen zu lieben.

Aus den vielen Vorstellungen und Anforderungen, die wir an andere Menschen und an unsere Beziehungen haben, entsteht irgendwann der pure Horror. Denn niemand kann den Anforderungen eines anderen gerecht werden, wir sind alle voll von Fehlern und Widersprüchen und wünschen uns doch gerade, dass wir trotzdem von jemandem geliebt werden. Die Wahrheit ist: Ein Mensch, der ein wirklich offenes Herz hat, könnte mit *jedem* anderen Menschen eine Beziehung haben. Gleichzeitig *braucht* dieser Mensch keine Beziehung. So wie jemand, der sexuell wirklich frei ist, mit jedem anderen Menschen fantastischen Sex haben könnte. Und ihn gleichzeitig nicht mehr so dringend braucht, den Sex.

Partnerwunschlisten für Egoisten

Manche Leute denken, sie hätten ein Recht auf einen tollen Partner. Dabei sollten sie sich erst mal fragen, ob sie überhaupt selbst eine gute Partie sind.

Ich hatte mal einen Bekannten, einen Computernerd, der für mich immer das beste Beispiel für jemanden war, der seinen Wert auf dem »Partnermarkt« maßlos überschätzte. Er war übergewichtig, mittelgut aussehend mit einer dicken Brille, trug immer die gleichen T-Shirts mit Star-Wars-Motiven, seine Wohnung war voll mit Science-Fiction-DVDs und Monitoren. Er konnte stundenlang über Computerspiele reden, war aber nicht in der Lage, jemand anders – vor allem einer Frau – längere Zeit zuzuhören. Wir hatten uns über ein Datingportal kennengelernt, und es war sofort klar gewesen: Ich war nicht sein Typ. Der einzige Typ Frau, der ihn interessierte, waren Models. Kein Wunder, dass er mit vierzig noch Jungfrau war.

Zu viele Anforderungen an andere Menschen zu haben, macht auf Dauer fürchterlich einsam. Und es ist auch langweilig, sich immer nur mit den eigenen Erwartungen und Wünschen zu beschäftigen. Man könnte sich zur Abwechslung ja überraschen lassen. Das Neue wäre, sich mal wirklich auf einen anderen Menschen einzulassen. Wir sind halt Egoisten: selbstverliebt, überzeugt davon, im Recht zu sein, voll von Moral, Urteilen, Meinungen und selbstbezogenen Süchten nach Anerkennung und Liebe. Alle wollen unbedingt Liebe *haben,* sind aber nur unter bestimmten Bedingungen bereit, sie zu *geben*. Wenn du Singles fragst, welche Art von Partner sie sich wünschen, zücken sie schnell eine fünfseitige Liste mit Wünschen und Anforderungen. Wenn du eine verheiratete Person fragst, was der Partner alles ändern könnte, kommt eine zehnseitige Liste. Jeder will ganz viel haben. Doch wer ist bereit, für den anderen im Service zu sein? Es wäre auch möglich, Singles zu fragen: Was bist du bereit, für einen neuen Partner zu tun? Oder die Verheirateten und Verpartnerten: Wärst du bereit, ein halbes Jahr lang für deinen Liebsten alles zu tun, was er sich wünscht? Ich wette: Die meisten würden bereits eine Woche als Zumutung empfinden!

Das Paradoxe daran ist: Natürlich müssen wir auch für uns selbst sorgen. Uns selbst lieben und so. Ein Märtyrer, der sich für alle anderen aufopfert und selbst auf der Strecke bleibt, ist genau so wenig attraktiv wie der Egomane. Die richtige Balance zu finden, ist eine Lebensaufgabe.

Zurück zu dem Computernerd: Am Ende habe ich ihn in einem großen Kraftakt mit einer (ebenfalls übergewichtigen) Frau verkuppelt, es hat perfekt gepasst, und die beiden haben kurz darauf geheiratet. Mittlerweile ist er sogar Vater. Die Frau wollte ursprünglich natürlich auch einen schlanken, gut aussehenden, sportlichen und noch dazu reichen Mann haben und war genau aus diesem Grund ewig lange Single gewesen. Doch diese beiden hier haben sich gesucht und gefunden. Sie konnten es allerdings beide erst sehen, als sie aufgehört haben, unrealistische Ansprüche zu stellen, und sich aufeinander eingelassen haben.

Doch es geht immer noch krasser. Kürzlich verfolgte ich einen Facebook-Post von einem Mann, den ich lose kenne, der seine Traumfrau-Wunschliste veröffentlichte. Ich zählte knapp hundert Anforderungen, von ausgeglichen über herzlich und souverän bis hin zu mehrsprachig und finanziell gut aufgestellt, sie soll in ein Dirndl passen, eine geile Bettgefährtin sein und keine Kinder, Tiere oder Pflanzen

(!) haben, die viel Zeit stehlen. Er schien das Thema sehr ernst zu nehmen. Ich habe mich darüber köstlich amüsiert, zumal er immer, wenn ich ihn irgendwo treffe, von mindestens einer, oft von mehreren Frauen begleitet wird. Da gäbe es doch eigentlich genügend zur Auswahl, doch offenbar ist keine gut genug. Wahrscheinlich haben die alle pflegeintensive Pflanzen zu Hause.

Bleib mir weg mit deinen Lösungen!

Egal wie ausführlich Frauen über ihre Probleme reden – was sie auf gar keinen Fall wollen, sind Lösungen.

Wenn ich Männer frage, was das Schlimmste an Frauen ist, sagen sie durchwegs: »Dass sie ständig über ihre Probleme reden.« Für Männer ist das reiner Psychoterror. Sie können nicht verstehen, dass die Frau es manchmal einfach braucht, sich Dinge von der Seele zu reden. Ein Bekannter berichtete mir davon, dass seine Frau über längere Zeit Probleme mit ihrer Menstruation hatte und nicht sicher war, was genau dahintersteckte. Sie wollte jeden Tag mit ihm darüber reden und wissen, was er davon halte, sie machte sich Sorgen. Ihn hat das unglaublich gestresst, er steckte beruflich mitten in einem wichtigen Projekt. »Ich bin kein Gynäkologe, wenn du eine gynäkologische Frage hast, ruf doch deinen Arzt an«, lautete dementsprechend seine Empfehlung. »Wenn ich etwas zum Thema Arbeitsrecht brauche, rufe ich einen Anwalt für Arbeitsrecht an.« Sie waren dann beide eine Woche lang beleidigt.

Frauen wollen reden, nein sie *müssen* es. Das ist bekannt. Sie tun es, um Verbindung zu bauen, um ihren Stresslevel zu senken, um sich wichtig zu machen und weil sie häufig ihr Problem tatsächlich lösen, indem sie darüber reden und es von verschiedenen Seiten »durchsprechen«. In den meisten Fällen wollen sie das Reden um des Redens willen und weil es ihnen guttut, aber nicht, weil sie damit jemand anders um eine Lösung bitten. Doch Männer wollen Lösungen! Da Männer von sich und ihrer Problemlösungskompetenz überzeugt und gleichzeitig gerne im Service für Frauen sind, springt bei ihnen sofort, wenn eine Frau über ihre Probleme redet, ein Problemlösemechanismus an, den sie nur schwer kontrollieren können. Praktisch sieht das dann so aus, dass die Frau sich noch nicht mal warmgeredet hat und der Mann schon mit einer Lösung um die Ecke kommt und dann beide frustriert sind. Die Frau, weil sie reden und im Mittelpunkt der Aufmerksamkeit stehen will. Der Mann, weil er helfen will. Doch dieser einfache Mechanismus wird kaum thematisiert, weil er so banal erscheint. Außer in der Kunst. Kaum jemand bringt es so gut auf den Punkt wie Annett Louisan mit ihrem Song »Die Lösung«

»Ich hab' da so'n Problem
das kümmert mich extrem
es ziert mich wie ein Tier,
das ich spazieren führ'
es macht mich int'ressant
die Leute sind gespannt
was ist mit dem Problem?
wie wird es weitergeh'n?
ich brauche mein Problem
um ander'n zu entgeh'n
ich pack's genüsslich aus
und red' mich damit raus
ich schildere es farbenreich
und alle rufen gleich
›was macht die Arme bloß durch?!‹

Geh' mir weg mit deiner Lösung
sie wär' der Tod für mein Problem
jetzt lass' mich weiter drüber reden

es ist schließlich mein Problem
und nicht dein Problem«

Die Frau hat zwei Optionen für konstruktive Gespräche: Zum einen sollte sie sich gute Freundinnen zum Reden suchen, damit der Mann nicht alles abkriegt. Das Zweite ist: Die Frau sollte mit dem Mann die Themen besprechen, die ihn betreffen, und nicht alle, die allein sie beschäftigen. Frauen müssen lernen, sich klar auszudrücken, und dem Mann klare Ansagen machen. Anstatt: »Also, ich habe das Gefühl, dass dir überhaupt nichts mehr an unserer Beziehung liegt, früher hast du mir viel öfter mal Geschenke gemacht« kann sie sagen: »Ich möchte gerne regelmäßig von dir Geschenke bekommen, ich brauche das, damit ich glücklich bin.« Das Erste ist nämlich eine Attacke, das Zweite eine Aufforderung.

»Das Hin- und Herspringen zwischen guter Laune und schlechter Laune, und zwar für mich völlig unvorhersehbar« – so beschrieb ein Freund von mir, was ihn neben dem Reden über ihre Probleme am meisten an seiner Freundin anstrengte. »Wenn im Leben der Frau irgendwas schiefläuft, muss man sich als Mann stundenlang irgendwelche Sachen anhören und kriegt Zeug ab, mit dem man gar nichts zu tun hat. Das Schlimme ist dabei nicht die Wortwahl oder dass es ein Problem gibt, sondern die Emotion, die mitschwingt. Das zieht mich runter, obwohl ich gar nichts damit zu tun habe. Eine Laune bei meiner Partnerin fühlt sich für mich beklemmend an, erdrückend, so als würde das Herz gegen die Lunge gequetscht. Ich beginne dann an mir zu zweifeln, denke, dass ich nicht gut genug für die Frau bin. Es kann passieren, dass die Frau mich wegen irgendeiner Kleinigkeit anfährt, die so eine heftige Reaktion überhaupt nicht rechtfertigt. Ich spüre dann diese Beklemmung und Verunsicherung, obwohl ich gar nicht weiß, ob ich überhaupt der Auslöser dieses Ausbruchs bin.«

Natürlich ist es eine Sache von Wertschätzung und Respekt, über Probleme reden zu können. Beziehung ist nicht immer eitel Sonnenschein. Aber dem Partner die eigenen Probleme und Launen so massiv reinzudrücken, dass sich dann beide schlecht fühlen, ist dumm und gemein. Es wäre doch klüger, sich von dem Partner positive Energie geben zu lassen, damit es einem selbst wieder besser geht.

Ein weiteres typisches Launen-Beispiel: Die Frau hat ihrem Partner zugesagt, ihn zu einer geschäftlichen Feier oder einem Zusammentreffen von Leuten zu begleiten, das ihm sehr wichtig ist. Sie hat wenig Interesse an diesem Event und an den Leuten und auch nicht besonders viel Lust drauf, aber sie sagt ihrem Partner zuliebe zu. Kurz vor dem Event fühlt sie sich auf einmal nicht mehr wohl. Leichte Kopfschmerzen oder Übelkeit oder sie ist einfach fürchterlich erschöpft und spürt plötzlich einen unglaublich starken Drang, sich auf die Couch zu legen. Sie sieht sich mit einem Glas Wein den Abend vor dem Fernseher verbringen – endlich mal ausruhen vom anstrengenden Leben. Diese Vorstellung ist so unglaublich verlockend, dass sie ihrem Partner kurzfristig absagt und ihm empfiehlt, er solle doch lieber alleine zu dem Event gehen. Für sie fühlt sich das jetzt genau richtig an. Sie hört auf ihr vermeintliches Bauchgefühl und bleibt zu Hause. Für den Partner ist es ein Schlag in die Magengrube. Auf jeden Fall ist es eine fette Laune. Es wäre nicht verwunderlich, wenn der sitzengelassene Partner an genau diesem Abend mit jemand anders flirtet und dies der letzte Sargnagel für die Beziehung ist.

Leute machen ständig so etwas miteinander, über Jahre. Und dann wundern sie sich, dass im Bett nichts mehr läuft, dass sie keine Verbindung mehr haben und sich nur noch angiften. Körperliche und psychische Befindlichkeiten lassen sich wunderbar nutzen, um andere zu tyrannisieren, denn sie machen uns unantastbar. Wem es schlecht geht, der muss bedauert, auf den muss Rücksicht genommen werden.

»Ich spür' da so 'nen Schmerz
im Kopf und auch im Herz
darüber klag' ich leis'
wenn ich nicht weiter weiß
ich hüll' mich in mein Leid
wie in ein langes Kleid
und alle schauen her
›oh je, sie leidet sehr‹

ich klage meinen Schmerz
ganz traurig himmelwärts
verweine mein Gesicht
bevor man mich erwischt
wie ich gerade lüg'
und jemanden betrüg'
das ist ein guter Trick

Geh' mir weg mit deiner Lösung
sie wär' der Tod für mein Problem
jetzt lass' mich weiter drüber reden
es ist schließlich mein Problem
und nicht dein Problem«

Annett Louisan – Songtext Die Lösung

Entmündigt nach Heirat

Menschen haben die interessante Eigenart, dass sie, sobald sie verpartnert sind, wichtige Entscheidungen an ihren Partner delegieren

»Das muss ich erst mit meinem Mann besprechen«, sagen Frauen, wenn es um berufliche oder finanzielle Entscheidungen in ihrem Leben geht. »Das muss ich erst mit meiner Frau besprechen«, sagen Männer, wenn es um private Dinge geht. Warum verlieren wir unsere Eigenständigkeit, sobald wir in einer festen Beziehung sind? Trauen wir uns nicht mehr, selbst Entscheidungen zu treffen? Haben wir das Gefühl, uns vor unserem Partner rechtfertigen zu müssen? Oder nutzen wir den eigenen Partner als perfekt getarnte Ausrede, um keine Verantwortung übernehmen zu müssen? Ein Partner ist auch wunderbar als Waffe einsetzbar.

Ich telefonierte mit einer Frau, die sich für ein Business-Coaching bei mir interessierte. Das biete ich, zusätzlich zu meinen Paar-Coachings, Leuten an, die Bücher schreiben wollen. Ich stellte ihr ein paar Fragen, sie beantwortete diese. Dann hörte ich, wie bei ihr im Hintergrund jemand etwas sagte, wahrscheinlich ihr Partner. Sie erwiderte dann zu ihm gewandt: »Ich telefoniere mit Susanne Wendel wegen des Coachings.« Ich zuckte ein wenig zusammen, als ich meinen Namen hörte, und fragte mich: Was hat sie dem denn über mich erzählt? Und warum sagt sie nicht einfach: »Moment, Schatz, ich bin am Telefon, ich bin gleich da.« Was geht es ihn an, mit wem sie telefoniert? Dann hörte ich, wie er leise zu ihr sagte: »Das brauchst du nicht.« Und sie gab dann prompt an mich weiter: »Du, ich habe mir das überlegt, ich mache das Coaching nicht, ich brauche das nicht.« Sie erteilte mir eine Absage, obwohl wir mit unserem Gespräch noch gar nicht fertig waren und sie wenige Minuten zuvor noch sehr neugierig und interessiert gewesen war. Sie wollte ein Buch schreiben und suche jemanden, der sie dabei unterstützte, da könnte ich ihr eine Menge gute Tipps geben.

Ich frage mich also: Wieso mischt sich der Mann hier ein? Hat er Angst davor, dass seine Frau auf jemand anderen hören könnte außer auf ihn? Und warum lässt sie zu, dass er sich in ihre Angelegenheit dränge und entscheidet nicht selbst, was sie will? Oder hat sie mich angelogen und ihr Interesse war nur geheuchelt? Fakt ist, die Frau hat bis heute kein Buch geschrieben. Und der Mann hält ihr wahrscheinlich vor, dass sie immer nur von ihren Plänen redet, aber nichts umsetzt. Ich war der fünfte Coach, den sie wegen ihrer Buchpläne kontaktiert hatte.

Was bei Paaren sehr häufig passiert, ist, dass sie sich nicht gegenseitig empowern und herausfordern, sondern sich gegenseitig klein halten und den jeweils anderen als Rechtfertigung benutzen, um keine eigenen Entscheidungen mehr treffen zu müssen. Die Frau wollte wahrscheinlich gar nicht das Risiko eingehen, ein Buch zu schreiben, und anstatt das ehrlich zuzugeben, hat sie ihren Mann vorgeschoben. Vonseiten des Mannes hängt dieses Verhalten, sich in die Angelegenheiten seiner Frau einzumischen, eng mit der in einem der letzten Kapitel bereits angesprochenen Kontrollsucht zusammen.

Niemand will gerne kontrolliert werden, aber jeder kontrolliert gerne. Kontrolle ist ein Machtspiel. Die Frau am Herd kann einfach besser kontrolliert werden als eine Frau, die so viel Geld verdient, dass sie jederzeit gehen könnte. Wenn die Frau in Beziehung oder Familie beruflich kürzertritt, hat das auch mit dem Mann zu tun. Denn Männer wollen es bequem und alles unter Kontrolle haben. Natürlich behaupten sie, sie wollen, dass ihre Frau arbeitet und unabhängig ist. Doch Fakt ist, kaum ein Mann setzt sich wirklich bis in die letzte Konsequenz dafür ein, dass seine Frau erfolgreich im Beruf wird (was beispielsweise heißen würde, dass er selbst mehrere Jahre nur noch Teilzeit arbeitet und sich um die gemeinsamen Kinder kümmert). Eine kontrollierbare Frau ist eine bessere Frau. Bei den Männern kommt dann noch Konkurrenz dazu: Die Frauen dürfen schon arbeiten, aber nicht erfolgreicher als ihre Männer werden. Eine unkontrollierbare Frau an ihrer Seite macht ihnen riesengroße Angst.

Man(n) kann aber auch mit kleinen, subtilen Gesten den anderen kontrollieren, wie dem Autofahren. Mir ist vor einiger Zeit Folgendes aufgefallen: Seit ich mit meinem Mann zusammen bin, fahre ich selbst fast nicht mehr mit dem Auto. Zumindest nicht, wenn er dabei ist. Wann immer wir zusammen irgendwo hinfahren, fährt er. Es ist nicht so, dass ich nicht fahren könnte, ich fahre sehr gerne Auto, war früher sogar im Außendienst unterwegs. Doch irgendwie hat es sich eingeschlichen, dass ich neben ihm nur noch auf dem Beifahrersitz sitze. Ich »darf« nur auf längeren Strecken fahren, wenn er zu müde ist. Wir haben nie explizit darüber gesprochen, es hat sich einfach so ergeben. Neulich waren wir mit der Familie unterwegs, und ich bin ausnahmsweise von Anfang an gefahren, er wollte noch ein paar E-Mails schreiben. Schaut mich mein Sohn mit großen Augen an: »Mama, warum fährst du denn?« Hey, vielleicht will ich auch mal wieder das Steuer in der Hand haben, verdammt! Auch das ist eine Facette von Kontrolle. Sie fühlt sich ein wenig an, als wäre man in Watte gepackt. Ich könnte mich ja ebenso gut freuen, dass ich einen Chauffeur habe, aber da schwingt etwas anderes mit.

Solange wir noch irgendeine der traditionellen Geschlechterrollen spielen, kontrollieren wir uns gegenseitig, und früher oder später wird der Zeitpunkt kommen, an dem wir keinen Bock mehr darauf haben. Deshalb ist es so wichtig, diese Spiele überhaupt erst zu erkennen. Weibliche Kontrolle ist übrigens oft Nach-Kontrolle: Klassisches Beispiel ist die Frau, die immer alles nachputzt, was der Mann gesäubert hat. Gläser? Haben noch ein paar Streifen. Staubgesaugt? Sind noch ein paar Krümel übrig. Wäsche gefaltet? Sie liegt noch nicht richtig im Schrank. Baby gewickelt? Die Windel sitzt noch nicht richtig, und frau muss noch mal kurz checken, ob der Popo wirklich sauber ist. Viele Frauen geben ihren Männern im Haushalt nur leichte Aufgaben, weil sie ihnen mehr nicht zutrauen. Ich frage mich manchmal, ob der Gedanke dahinter der gleiche ist, der Männer dazu bringt, dass sie Frauen im Business nur leichte Aufgaben zutrauen. Es besteht offenbar ein grundlegendes Misstrauen, sobald sich das eine Geschlecht in die Angelegenheiten einmischt, die seit Jahrtausenden das andere innehatte.

Selbstständigkeit als Tarnung

Frauen wollen heutzutage arbeiten, ihr eigenes Geld verdienen und unabhängig sein. Wirklich?

Ich bekomme ungefähr einmal in der Woche eine Anfrage von jemandem, der mich fragt, ob ich mir nicht »ein zweites Standbein« aufbauen will. Und diese Person hat ein tolles System, *das* System, mit dem es möglich ist, *spielend leicht* ein passives Einkommen zu erwirtschaften. In 90 Prozent der Fälle sind es Frauen, die mir diese E-Mails schreiben. Frauen, die ein bisschen Business spielen und hoffen, in mir jemanden zu finden, der die Arbeit für sie macht.

In den letzten knapp zwanzig Jahren, in denen ich selbstständig bin, sind mir sehr viele Frauen begegnet, die ebenfalls einer selbstständigen Tätigkeit nachgehen. Oder sagen wir mal so: Viele von ihnen tun so als ob. Sie begegnen mir im Rahmen von Networkingtreffen, in Vorträgen oder in meiner Funktion als Coach. Es gibt aus meiner Sicht zwei Gruppen von selbstständigen Frauen: diejenigen, die die Sache ernst nehmen und die im Laufe der Jahre erfolgreich bis sehr erfolgreich werden, und zwar unabhängig davon, ob sie Kinder haben oder nicht. Und es gibt diejenigen, für die Selbstständigkeit eine Art Hobby ist und die es mehr oder weniger zum Zeitvertreib tun. Wir haben immer noch die gesellschaftliche Situation, dass Männer den Hauptteil des Geldes verdienen, dementsprechend gibt es immer noch auch viele Frauen, die nicht unbedingt Geld verdienen müssen. Und für die ist es dann – genau – ein

Hobby. Und eine gute Tarnung, denn zuzugeben, dass man es mag, sich vom Mann aushalten zu lassen, ist für eine moderne Vertreterin des weiblichen Geschlechts ein Tabu. Oder? Wollen Frauen, die top ausgebildet sind, dauerhaft finanziell von ihren Männern abhängig sein? Dann sollten sie dazu stehen und nicht so tun, als würden sie zum Haushaltseinkommen beitragen und den Mann entlasten wollen. Eine getarnte Selbstständige zeigt regelmäßig ihren guten Willen, doch rauskommen tut dabei wenig. Damit aus dem Hobby ein Geschäft wird, müsste die Frau zunächst den Grundgedanken von Unternehmertum verstehen: Jegliche Art von Unternehmen ist darauf ausgerichtet, Gewinn zu erzielen. Wenn frau damit noch nicht mal ihre Miete bezahlen kann, ist es ein Fake. Selbstständigkeit heißt *nicht,* über Jahre gerade mal die Kosten zu decken, die die Tätigkeit selbst verursacht. Doch diesen simplen Grundsatz scheinen viele Frauen nicht zu verstehen. Oder nicht verstehen zu wollen. Sie tarnen sich in Geschäftigkeit und setzen den Prosecco, den sie mit ihren Freundinnen trinken, von der Steuer ab. Sie geben sich den Anstrich, Businessfrauen zu sein, aber tatsächlich spielt das Business nur einen sehr untergeordneten Teil in ihrem Leben.

Wenn der Mann Glück hat, kommt ihm irgendwann das Finanzamt zu Hilfe und weist ihn darauf hin, dass die Tätigkeit seiner Frau eventuell nicht ernst gemeint und Liebhaberei sein könnte. Häufig sind die Umsätze aber so gering, dass sie niemandem auffallen, noch nicht mal dem Finanzamt. Um die Tarnung aufrecht zu erhalten, besucht die Frau regelmäßig Weiterbildungen, in denen es um Marketing und Verkaufen geht und darum, wie frau ihre Berufung findet. Die Frau wird aber nie fertig mit diesen Seminaren, denn alles, was sie über Marketing und Verkaufen lernt, nutzt sie maximal dazu, um ihren Freundinnen diese Seminare zu empfehlen, niemals aber, um selbst etwas zu verkaufen und dafür zu sorgen, dass Geld reinkommt. Sie argumentiert gerne damit, dass es sich nicht lohne, mehr Geld zu verdienen. Sie müsse sich dann ja selbst krankenversichern.

Eine besonders geschickte Tarnung nutzen Frauen, die sich jenen Firmen und Systemen anschließen, die passives Einkommen versprechen. Ihrem Mann kann eine Frau diese Tätigkeiten wunderbar verkaufen, denn Männer lieben Systeme und er denkt, dass die Frau nun endlich ihre Kaffeeklatschrunden nutzt, um Geld zu verdienen. Außerdem macht das Ganze einen seriösen Eindruck, weil große Firmen dahinter stehen. Die Produkte selbst sind oft sehr gut. Doch das Versprechen von passivem Einkommen ist fraglich. Der Mann kann über Jahre in dem Glauben gehalten werden, dass seine Frau ihn demnächst zu einer Reise auf die Malediven einlädt. Die Wahrscheinlichkeit dafür, dass das tatsächlich passiert, ist aber gering. Denn sobald die Frau anfängt, sich auf ihren ersten noch so kleinen Erfolgen auszuruhen, haben alle, die ihr folgen, auch keine Lust mehr. Die Idee mit dem passiven Einkommen klingt verführerisch, doch sie zieht eben auch viele Leute an, die keine Lust haben, aktiv zu arbeiten. Ganz zu schweigen von typischen Frauenlaunen und weiblichen Erfolgsverhinderungsgedanken wie »Heute geht's mir nicht so gut, ich mach mal Pause« oder »Ich weiß nicht, soll ich wirklich noch mal nachfassen …?«. Wenn sie ehrlich wären, könnten Frauen auch einfach mal zugeben, dass sie kein Interesse daran haben, sich die Finger schmutzig zu machen. Sie brauchen es ja auch nicht. Um in einem solchen System erfolgreich zu werden, müssten sie hart arbeiten und kontinuierlich dranbleiben. Verkaufen ist ein knallharter Job. Und wer dazu in der Lage ist, schafft es in jeder anderen Selbstständigkeit auch. Also Frauen, was wollt ihr? Das kann natürlich jede Einzelne nur für sich selbst beantworten. Doch wer den alten Deal »Der Mann verdient das Geld« will, darf sich nicht beschweren, wenn der Mann auch sonst sehr konservativ denkt und die Frau die meiste Zeit ihres Lebens damit verbringt, sich um Heim und Kinder zu kümmern. Eine nette Anekdote am Rande: Der US-amerikanische Spielehersteller Hasbro bringt ein neues »Frauen-Monopoly« auf den Markt. Hier erhalten Frauen jedes Mal, wenn sie über LOS gehen, 40 Dollar mehr als die Männer (ein umgekehrter Gender-Pay-Gap), und gekauft werden keine Straßen und Häuser, sondern Erfindungen von Frauen und weibliche Geschäftszentralen.

Frauen sind anders bösartig und übergriffig als Männer

Jeder Mensch trägt das Potenzial für Böses in sich. Doch Bösartigkeit von Frauen ist anders als die von Männern.

In Männern stecken Mörder, Vergewaltiger, Zocker, Diebe. Wenn Männer straffällig werden, hat es meistens mit Gewalt zu tun. Männer sind brutale Kriegstreiber und Terroristen, sie zerstören Völker, Familien, Unternehmen und unseren Planeten, das kann keiner leugnen. Und sie üben Gewalt gegen Frauen aus. Es gibt Studien, die darlegen, dass jede dritte Frau in Europa schon mal sexuelle Gewalt durch Männer erfahren hat. Dazu kommt eine hohe Dunkelziffer plus die vielen sexistischen Anmachen und Sprüche, denen Frauen immer wieder ausgesetzt sind. Der Anteil an männlichen Gefängnisinsassen, die wegen Mord und Raub sitzen, ist um ein Vielfaches höher als der von mordenden und klauenden Frauen. Männer haben eine bestimmte Art, Gewalt auszuüben, und das ist eine andere als die der Frauen, vermutlich hat das mit ihrem höheren Testosteronspiegel zu tun, der Aggressivität erhöht. Männliche Gewalt ist oft auch selbstzerstörerisch. Interessant finde ich in diesem Kontext den Begriff der »toxischen Männlichkeit«, der alles zusammenfasst, was Männer so tun, um deutlich früher zu sterben als Frauen (deshalb toxisch, also tödlich): Gewalt, Drogen, Sexismus, Risikofreudigkeit, gesundheitsschädliches Verhalten wie saufen, rauchen, (lebens-)gefährliche Jobs. Eben alles, was »echte Kerle« ausmacht. Ärzte können davon ein

Lied singen. Bevor ein Mann in einer Arztpraxis auftaucht, muss er wirklich *sehr* krank werden.

Frauen sind in Kriminalstatistiken deutlich weniger auffällig. Von den verurteilten Straftätern machen sie nur einen Bruchteil aus, es sitzen deutlich weniger Frauen in Gefängnissen als Männer. Doch bedeutet das, dass Frauen weniger gewalttätig sind? Nein. Sie sind es anders. Ganz anders. Es gibt bisher nur wenige verurteilte Fälle, wenig Belege, viel zu wenig valide Studien. Das Wichtigste vorab: Weibliche Gewalt ist oft nicht sichtbar oder wird erst Jahre später aufgedeckt. Sie wird häufig auch nicht so ernst genommen wie männliche Gewalt. Doch heißt das, dass sie nicht ernst zu nehmen ist? Ihre Konsequenzen sind jedenfalls seltener zerstörte Dinge als vielmehr zerstörte Seelen.

Wie wird aus einem netten kleinen schüchternen Jungen ein brutaler Zuhälter und Vergewaltiger? Zum Beispiel, indem er jahrelang von seiner eigenen Mutter sexuell missbraucht wird. Wer detailliert wissen will, wie eine Mutter aus ihrem Kind einen Gewalttäter gemacht hat, möge sich mit der Geschichte von Andreas Marquardt befassen. Der Berliner Kampfsportler und ehemalige Zuhälter hat seine Geschichte in dem Buch und Film »Härte« verarbeitet. Es tut weh, diesen Film anzuschauen, aber er sagt viel über die subtile Gewalt aus, die Frauen ausüben können. Weil seine eigene Mutter sich seit seinem sechsten Lebensjahr an ihm vergangen hat, entwickelte Andreas Marquardt über die Jahre einen tiefen Frauenhass, der sich später in massiver Gewalt manifestierte. Die Frau hat ihren Sohn jahrelang zu allen möglichen sexuellen Aktivitäten und auch zu Geschlechtsverkehr gezwungen, mit der Begründung, ihn »zu einem richtigen Mann machen« zu wollen. Sie wollte vermeiden, dass er »auch so ein Schlappschwanz wird wie sein Vater«. Marquardt hat insgesamt achteinhalb Jahre im Gefängnis verbracht. Heute leitet er eine Kampfschule, in der er Kinder in Karate ausbildet. Eine seiner ehemaligen Prostituierten, die ihm über viele Jahre, selbst während seiner Gefängniszeit, loyal war und ihn liebte, ist noch heute seine Lebensgefährtin.

Die Mütter spielen in den Biografien vieler Gewalttäter eine große Rolle, auch wenn das oft erst spät in Therapien zutage kommt und manchmal selbst von den Betroffenen gar nicht so wahrgenommen wird. Der Blick geht meist zunächst auf gewalttätige Väter. Doch es liegt auf der Hand, dass Mütter einen großen Einfluss haben, sie sind diejenigen, die einen Menschen in den ersten Lebensjahren am meisten prägen, auch wenn sie es dadurch tun, dass sie nicht anwesend sind oder im Zimmer nebenan bügeln, während der betrunkene Vater den Jungen verprügelt. Die Frage sei erlaubt: Was ist schlimmer? Der prügelnde Vater oder die wegschauende Mutter?

Wenn es um sexuellen Missbrauch durch Frauen an Kindern geht, ist die Forschung noch sehr am Anfang. Es gibt kaum Daten und dokumentierte Fälle dazu. Und wenn, dann werden sie nicht so ernst genommen, dann wird beispielsweise davon gesprochen, dass ein Schüler von einer Lehrerin »verführt« wurde. Wenn ein Lehrer etwas Sexuelles mit einer Schülerin macht, ist sofort von »Missbrauch« die Rede, obwohl beides gleich schlimm ist. Oder? Finden es Jungs grundsätzlich cool, wenn ältere Frauen sie in die Sexualität »einweihen« – was dann ja gerne behauptet wird. Zählt das nicht als Übergriff?

Frauen werden häufig als Handlangerinnen der Gewalttäter straffällig, sie agieren aus der zweiten Reihe heraus. In der Presse werden immer wieder Fälle von sexuellem Missbrauch an Kindern bekannt, in denen die Frauen der Beihilfe, manchmal auch der Anstiftung angeklagt werden. Es gab vor einigen Jahren beispielsweise einen Fall in Bayern, wo eine Frau ihre sechsjährige Tochter betäubt hat, damit sich ihr Lebensgefährte an dem Kind vergehen konnte. Sie hat dann dabei zugeschaut. Frauen können richtig fiese hinterhältige Fotzen sein. Sie verstecken sich und agieren aus der Deckung heraus, indem sie männliche Gewalt wecken, anstacheln oder vertuschen.

Wenn es um Missbrauch und sexuelle Gewalt geht, wissen übrigens viele nicht, dass die Mehrzahl der Fälle *nicht* von Männern mit pädophilen Neigungen vollzogen werden. Die meisten Männer, deren sexuelles Interesse sich auf kindliche Körper bezieht, leben ihre Neigung nie aus. Sie wollen niemandem Leid zufügen, im Gegenteil, sie leiden selbst sehr unter ihren sexuellen Präferenzen und starken Gewissenskonflikten. Viele wenden sich an psychologische Beratungsstellen oder vertrauen sich Projekten wie »Kein Täter werden« an. Wenn sich jemand tatsächlich an Kindern vergeht, hat das seltener mit Lust, als mehr mit Macht zu tun. Nicht wenige Täter lassen ihren eigenen Frust an denen aus, die sich nicht wehren können. In den allermeisten Fällen handelt es sich auch nicht um Fremde, die Kindern mit Süßigkeiten auflauern, sondern um Leute aus dem engen Bekanntenkreis. Den netten Nachbarn von nebenan. Den Onkel oder Stiefvater. Manchmal eben auch die Tante. Statistiken gehen davon aus, dass die Täter in mehr als 90 Prozent der Fälle dem Kind bekannt sind. Die Dunkelziffer im Bereich sexueller Missbrauch ist sehr hoch, weil viele Opfer sich nicht trauen, Anzeige zu erstatten – eben weil die Täter Familienangehörige oder sonstige enge Bezugspersonen sind, von denen die Betroffenen abhängig sind.

Zurück zur weiblichen Gewalt: Eine der wenigen Forscherinnen auf diesem Gebiet ist die Kriminalpsychologin Lydia Benecke. In ihrem Buch »Psychopathinnen«[5] beschreibt sie verschiedene Fälle von kriminalistisch auffällig gewordenen Frauen. Zusammenfassend sagt auch sie, dass Frauen eher manipulieren und Männer eher selbst handeln. In den Fällen, die sie beschreibt, agieren Frauen unauffälliger, als es männliche Verbrecher tun, meistens innerhalb des persönlichen Umfeldes. Die Betroffenen sind also Partner,

Freunde, Kinder. Die Psychopathinnen manipulieren andere, um ihre persönlichen Ziele zu erreichen, sie wenden emotionale und erpresserische Gewalt an, sie drohen beispielsweise ihrem Partner, ihn zu verlassen, oder sie missbrauchen ihre Kinder als Partnerersatz und reden ihnen Schuldgefühle ein. Benecke befasst sich intensiv mit Statistiken und versucht von allen Seiten, den Verbrecherinnen auf die Spur zu kommen. Dabei ist ihr unter anderem aufgefallen, dass es in Deutschland, seit Scheidung für Frauen problemlos möglich ist und nicht mehr den finanziellen Ruin bedeutet, weniger Morde an Ehemännern gibt.[6] Ich bin schon gespannt, was in den nächsten Jahren noch alles ans Tageslicht kommt.

Frauen sind anders pervers als Männer

Männliche Perversionen sind vor allem lustgetrieben. Weibliche haben unter anderem mit Fortpflanzung zu tun …

2001 gab es in Deutschland einen riesengroßen Skandal um einen Mann, der sich freiwillig von einem anderen Mann hat töten und aufessen lassen. Der Kannibale hat dem Lebensmüden zunächst den Penis abgeschnitten, und die beiden haben diesen gemeinsam verspeist. Nach der Tötung des anderen hat der Kannibale das übrige Menschenfleisch zubereitet und gegessen und die Reste eingefroren. Er beteuert bis heute, dass das Ganze einvernehmlich stattgefunden hat und der Aufgegessene einen schönen und friedlichen Tod hatte. Der Richter des Falls sprach von der Tat zweier psychisch Kranker, die sich »mithilfe des Internets gefunden hatten«. Beide haben sich ihr Leben lang in ihren Fantasien genau nach diesem Moment, nach diesem einen unfassbaren Erlebnis, im wahrsten Sinne des Wortes, verzehrt.

Kannibalismus – egal ob aktiv oder passiv – ist wohl eine der wenigen sexuellen Präferenzen, die man heute wirklich noch als »pervers« bezeichnen muss. Die internationale statistische Klassifikation der Krankheiten und verwandter Gesundheitsprobleme ICD, auf Englisch »International Statistical Classification of Diseases and Related Health Problems«, versucht in einem weltweit anerkannten Klassifikationssystem für medizinische Diagnosen neben Husten, Schlaganfall und Malaria auch »sexuelle Störungen« zu listen. Diese teilen sich auf in: sexuelle Funktionsstörungen, sexuelle Entwicklungsstörungen, sexuelle Identitätsstörungen und sexuelle Präferenzstörungen. Sogenannte Störungen der sexuellen Präferenzen, wie Sadomasochismus, Fetischismus, Exhibitionismus usw., kommen bei Männern deutlich häufiger vor als bei Frauen. Es gibt kaum Vorfälle mit Frauen, die in Parks Männer erschrecken und ihnen ihre nackten Unterleibe zeigen. Und wenn, wäre es keine Straftat. Sexuelle Störungen und Perversionen bei Frauen sind wenig erforscht, bis vor wenigen Jahrzehnten galten Perversionen insgesamt als ein männliches Phänomen, den Frauen traute man gar nicht zu, dass sie überhaupt einen besonders ausgeprägten Sexualtrieb hätten. Die Diagnose »sexuelle Störung« gilt heute in den meisten Fällen auch nicht mehr als zeitgemäß, denn dahinter stehen keine »Krankheiten«. Wir kapieren immer mehr, dass jeder Mensch einzigartig ist, auch in seiner Sexualität. Der Zeitgeist heute lässt vieles zu, solange alle Beteiligten sich einig sind. Safe, Sane, Consensual – sicher, gesund, einvernehmlich. Vor allem die Sadomasochisten, die sich naturgemäß ständig an der Grenze zu Gewalt bewegen, legen darauf sehr viel Wert.

Doch wo ist die Grenze zwischen einvernehmlicher sexueller Ekstase zu dem Verhalten, das andere schädigt? Wo hören Spaß und gesundes Verhalten auf und wo beginnen Übergriffe und Gewalt? Nach deutschem Gesetz ist eine der klaren Grenzen das Alter. Erwachsene mit Kindern, das darf nicht sein, denn Kinder können noch nicht über sich selbst bestimmen. Die Altersgrenze liegt bei 14 Jahren, und von da bis zur Volljährigkeit sind sexuelle Aktivitäten nur mit Einschränkungen erlaubt. Kinder stehen unter besonderem Schutz, Vergehen an Kindern, selbst wenn sie aus Liebe passieren, sind ein unverhandelbares No-Go. Pädophile Menschen stehen auf kindliche, vorpubertäre Körper und werden von ihnen erregt. Während Schätzungen von etwa einem Prozent Pädophiler in der Gesamtbevölkerung unter erwachsenen Männern sprechen, gibt es keine Daten zu pädophilen Frauen. Bisher wurde gar nicht danach gesucht, vielleicht weil man es Frauen nicht zutraute, dass sie sexuell auf Kinder stehen könnten. Es gibt so gut wie keine Frauen, die sich an die Beratungsstellen wenden. Könnte natürlich auch sein, dass sie ihre Neigungen nicht als Problem empfinden, weil sie sowieso engen körperlichen Kontakt mit (ihren) Kindern pflegen.

Manchmal treten Frauen in Erscheinung, die aus dem Schatten der Unauffälligkeit und Mittäterschaft heraustreten und selbst unglaubliche Taten verbringen. Die Geschichte von den beiden Herren in der Geschichte oben mutet harmonisch an, wenn man sie mit manch extremer Tat vergleicht, zu der Frauen fähig sind. So wie Männer häufig durch ein Übermaß an sexueller Lust zu (Gewalt-)Verbrechen getrieben werden, scheint bei den Frauen etwas anderes eine Rolle zu spielen, aus dem sich krasse Perversionen ergeben: ihre Fortpflanzungsfähigkeit. Vor einigen Jahren ging ein Fall in Deutschland um die Presse, wo in Haus und Garten einer Frau aus Ostdeutschland neun (!) Leichen von neugeborenen Babys gefunden wurden. Die Frau hatte bereits Kinder, die sie großgezogen hatte, die nachfolgenden hatte sie jedoch direkt nach der Geburt getötet. Überhaupt nicht nachzuvollziehen ist nicht nur, wie eine Frau ihre eigenen Babys umbringen kann, sondern wie sie neunmal schwanger sein und gebären konnte, ohne dass es jemand merkte – auch nicht der Ehemann. Es scheint tatsächlich gar nicht so selten vorzukommen, dass Frauen ihre Schwangerschaften vertuschen und manchmal sogar komplett verdrängen. Gelegentlich erscheinen in Krankenhäusern Frauen, die wegen Bauchweh oder Blähbauch einen Arzt suchen und dann auf einmal ein Kind bekommen. In einem Babykrabbelkurs in München habe ich mal ein Paar kennengelernt, das auf genau diese Weise zu einem Adoptivkind gekommen war. Dessen Mutter will bis zum Beginn der Wehen nichts von der Schwangerschaft gemerkt haben und hat es nach der Geburt sofort zur Adoption freigegeben.

Doch auch das umgekehrte Phänomen – ein krankhaft ausgeprägter Kinderwunsch – kommt bei Frauen vor. Gruslig mutet die Geschichte der Frau aus den USA an, die eine Hochschwangere getötet hat (nicht einvernehmlich!), um deren Baby anschließend per selbstgemachtem Kaiserschnitt zu klauen und als ihr eigenes auszugeben. Solche Fälle von extremem Babyraub soll es sogar schon öfter gegeben haben. Nicht so krass, aber dennoch unnatürlich ist, wenn Frauen abnormal viele Kinder gebären oder sie in einem Alter bekommen, in dem sie bereits deren Uroma sein könnten. Diese Phänomene gehören zu den »Reproversionen« (Perversionen im Bereich der Reproduktion)[7]. Manche dieser Frauen finden Verbündete in der modernen Reproduktionsmedizin. Während ich diese Zeilen schreibe, hat die erste 73-jährige Frau in Indien gesunde Zwillinge entbunden. Sie hatte über fünfzig Jahre auf natürlichem Weg versucht, schwanger zu werden, und sich dann überlegt, doch mal nachzuhelfen. Angeblich hat sie ihr Alter bei den Ärzten wohl etwas getürkt und behauptet, sie sei erst Mitte sechzig. In Deutschland ging vor einigen Jahren die Geschichte einer 65-jährigen Alleinerziehenden durch die Presse, die nach einer Samenspende Vierlinge bekam. Ihre dreizehn bisherigen Kinder hatten wohl noch nicht gereicht. Vielleicht kann sich noch der eine oder andere erinnern, es gab vor Jahren in Kalifornien mal eine Frau, die nach künstlicher Befruchtung Achtlinge bekommen hat. Das war eine medizinische Sensation, alle Kinder sind gesund auf die Welt gekommen. Kleines, aber feines Detail: Die Frau, die von allen nur noch »Octomum« genannt wird, hatte bereits sechs Kinder und hatte ebenfalls auf eine Samenspende zurückgegriffen.

Die Frage sei erlaubt: Wer kümmert sich um acht Babys und sechs Kinder gleichzeitig? Wer bezahlt das alles eigentlich? Gehört so etwas zu unserer Generation der Selbstverwirklichung dazu? Soll man so etwas moralisch verurteilen oder ist das cool? Die moderne Medizin macht so allerlei möglich, worüber man sich Fragen stellen kann. Schräg sind auch die Geschichten von Frauen, die gleichzeitig Mutter und Oma sind. Eine Mexikanerin beispielsweise hatte für ihren homosexuellen Sohn ein Kind ausgetragen. Nach der erfolgreichen Schwangerschaft und Geburt ließ die Mutter des Jungen, die gleichzeitig Mutter seines Vaters war, verlauten, sie sei »auf ihren ersten Enkel und zugleich viertes Kind sehr stolz«.

Ungeöffnet haltbar bis zur Hochzeitsnacht

Sexualität frei zu leben, wurde Frauen seit Jahrtausenden verboten. Schlimme Gewalt an Frauen kommt aber nicht nur von Männern, sondern von anderen Frauen. Von bösen alten Frauen.

Eine Bekannte von mir, die als externe Expertin Vorträge über Sexualität an Schulen hält, bekam vor einiger Zeit Drohbriefe. Sie versteht es, die Sprache von Jugendlichen zu sprechen und dieses immer noch tabubehaftete Thema auf eine zielgruppengerechte Art und sehr professionell zu vermitteln. Sie hat eine eigene Sendung im öffentlich-rechtlichen Fernsehen und macht einen extrem seriösen Eindruck. Es gibt aber viele Leute, die keine fundierte Sexualaufklärung für Jugendliche wollen, auch im 21. Jahrhundert nicht. Vor dem Gymnasium, in der sie abends Eltern aufklären wollte, nachdem sie vormittags Workshops mit den Mittelstufenschülern durchgeführt hatte, versammelte sich eine Gruppe von »besorgten Eltern« zur Demonstration, begleitet von einem Polizeiaufgebot. Diese Gruppe von Menschen wetterte gegen eine angebliche »Frühsexualisierung von Jugendlichen« durch Sexualaufklärung. Die AfD, die sich ebenfalls gegen »zu frühe« sexuelle Aufklärung einsetzt, mahnte die örtliche Schulbehörde, und der Hamburger Senat musste sich mit dem Thema beschäftigen. Offensichtlich ist diesen Gruppen entgangen, dass es heutzutage frei verfügbare Pornos im Internet gibt und dass Jugendliche bereits vor der Pubertät mit solchen konfrontiert sind und dass es sehr wohl sinnvoll ist, sich damit auf einer professionellen und pädagogisch sinnvollen Ebene damit zu beschäftigen. Davon mal abgesehen: Es gibt noch längst nicht genug Aufklärung.

Wir in der Mitte von Europa haben aktuell eine seltsame Situation. Wir arbeiten mit Hochdruck an allen Facetten von Political Correctness und daran, jegliche Art von Diskriminierung zu beenden. Uns ist es enorm wichtig, jede noch so kleine Gruppe von was auch immer Betroffenen sehr ernst zu nehmen. Angefangen bei einer wertschätzenden sprachlichen Ausdrucksweise bis hin zur rechtlichen Gleichstellung von Minderheiten. Und dabei haben wir riesengroße Erfolge erzielt. In Schulen wird Kindern und Jugendlichen eine Sexualpädagogik der Vielfalt vermittelt, und sie lernen bereits in der Grundschule, dass Homo- und Transsexualität ganz »normal« sind und alle Menschen ein Recht darauf haben, so zu leben, wie sie sich das selbst vorstellen. Selbstbestimmt eben. Gleichzeitig mit Diversifikation und Vielfalt erstarken aber ultrakonservative Bewegungen mit längst überholten und nicht totzukriegenden Geschlechteransichten und Dogmen, die jegliche Selbstbestimmung im Keim ersticken. In großen Demos gehen die besorgten Eltern auf die Straße, weil sie nicht wollen, dass überhaupt über Sexualität in Schulen gesprochen wird, und wenn, dann bitte erst ab sechzehn. Offensichtlich überlassen sie die richtige Aufklärung lieber Pornos oder Kirchenvätern. Aber auch die Öffnung von Grenzen und die Durchmischung verschiedener Kulturen durch Globalisierung, Flüchtlingsbewegungen und die Möglichkeit, sehr günstig in entfernteste Länder fliegen zu können, führen dazu, dass Traditionen und Weltsichten aufeinandertreffen, die unterschiedlicher nicht sein könnten.

Vieles davon müsste uns zutiefst schockieren, wenn wir halbwegs wach und nicht nur mit uns selbst beschäftigt wären. In unserem direkten Nachbarland Polen sind im Jahre 2016 (!) Tausende Frauen auf die Straße gegangen, um gegen den Gesetzesentwurf für ein verschärftes Abtreibungsverbot zu protestieren. Es war geplant, dass Abtreibung selbst nach einer Vergewaltigung verboten werden sollte. Das neue Gesetz wurde abgewendet, ist seitdem aber immer wieder in der Diskussion. Dort ist eine rechtskonservative Regierung an der Macht. Weil Kulturen sich immer mehr mischen, kann es passieren, dass wir Tür an Tür mit Menschen wohnen, die das genaue Gegenteil von unserer hart erkämpften Freiheit und Diversität leben, nämlich eine traditionelle, religiöse, extrem heteronormative, noch dazu sehr frauenverachtende Lebensweise. Da wird dann unter Umständen Analverkehr vor der Ehe geduldet, solange nur das »Jungfernhäutchen« intakt bleibt und die Frau beim ersten Vaginalverkehr auf ihr weißes Hochzeitsbettlaken blutet.

Was ist das bloß für ein verlogener Mist mit dieser Jungfräulichkeit? Und wie können Menschen heute in Zeiten des Internets noch an so etwas glauben, geschweige denn ihr Leben danach richten? Für Männer gilt das natürlich nicht mit der Jungfräulichkeit, die dürfen oder sollen sogar sexuelle Erfahrung sammeln. Die Frage sei erlaubt: mit wem denn eigentlich? Das Kranke: Das Internet wird ja sogar genutzt, aber nicht, um sich damit aufzuklären, sondern um Entjungferungs-Kunstblutkapseln zu kaufen. Dabei ist es mittlerweile wissenschaftlich und medizinisch erwiesen, dass dieses Jungfernhäutchen, um das alle so ein riesengroßes Bohei machen, gar nicht existiert. Die meisten Frauen bluten *nicht* beim ersten Geschlechtsverkehr, egal wie sehr sich der Mann anstrengt. Und dennoch ist dieser Mythos einfach nicht totzukriegen und bestimmt das Leben von Millionen jungen Menschen und Familien. Junge Frauen müssen unter Umständen mit der Angst leben, *umgebracht* zu werden, wenn sie sich nicht an die Regeln der Jungfräulichkeit oder der Familie halten. In Deutschland ging vor einigen Jahren der Fall einer jungen Türkin durch die Presse, die von ihrem jüngeren Bruder umgebracht wurde, ein sogenannter »Ehrenmord«. Wie bitte, was um alles in der Welt hat das mit »Ehre« zu tun, jemanden umzubringen, noch dazu die eigene Schwester? Ich frage mich: Gibt es ernsthaft heute, im 21. Jahrhundert, noch so viele Menschen auf diesem Planeten, die glauben, dass eine junge Frau nur jungfräulich etwas wert ist? So als hätte sie ein Ablaufdatum wie eine Konservendose? Dass sie vom lieben Gott versiegelt wurde und erst der Ehemann die Plombe öffnen darf? Ungeöffnet haltbar, doch wer sie aufmacht, muss sie heiraten, weil sie sonst verdirbt? Gibt es bei Männern auch eine Versiegelung? So wie man bei einem Saft im TetraPak erst den Plastikdeckel aufdrehen muss, um den Inhalt in ein Glas zu gießen? Was für ein unglaublicher *Wahnsinn* ist das alles! Ich bin mir sicher, die Frauen zahlen es ihren Männern hinter ihren Schleiern und Mauern, wo sie eingesperrt sind, heim, mit Launen und Missgunst. Die Verlierer sind am Ende *alle*. Es ist beobachtbar, dass viele Nationen Kriege führen, in denen Frauen und die weibliche Sexualität besonders unterdrückt werden.

Doch nicht nur Männer üben Gewalt an Frauen aus, sondern auch Frauen. Wer sich einmal im Leben mit der weiblichen Genitalverstümmelung beschäftigt hat, kann nicht anders, als zutiefst schockiert zu sein, was Frauen sich gegenseitig antun können. Es sind nicht Männer, sondern alte Frauen, die junge Mädchen (Kinder!) mit rostigen Rasierklingen und Glasscherben an ihrer empfindlichsten Stelle verletzen und das Weiblichste zerstören, was sie haben: ihre Sexualorgane. Ich habe einmal einen Bericht über eine solche Beschneiderin gelesen, mit Foto, und in ihren Augen habe ich vergeblich nach so etwas wie einer Seele gesucht. Was für unmenschliche Hexen sind das, die mit so etwas ihr Geld verdienen? Man kann versuchen, das mit Traditionen zu rechtfertigen, aber ganz ehrlich: Jemand, der auch nur ein kleines bisschen Herz und Seele hat, könnte so etwas nicht tun. Die machen das teilweise mit den eigenen Fingernägeln. Wer selbst Kinder hat oder mit Kindern arbeitet, möge sich vorstellen, dass diese perverseste aller Traditionen weltweit immer noch tagtäglich an etwa 8000 kleinen Mädchen durchgeführt wird, die sich sogar darauf freuen, weil niemand sie gescheit aufklärt. Eine unbeschnittene Frau gilt in diesen Kulturen als unrein. Eine Frau darf keine sexuelle Lust verspüren, mit der Beschneidung soll unter anderem wirkungsvoll verhindert werden, dass sie später mal fremdgeht.

Es gibt verschiedene Stufen der Beschneidung, und die schlimmste führt dazu, dass die Frau für den Rest ihres Lebens nur noch eine winzige Öffnung hat, die so schmal ist, dass Pipi machen eine halbe Stunde dauert und dass Sex fast unmöglich wird, geschweige denn eine Geburt. Jedes Mal muss aufgeschnitten und wieder zugenäht werden.

Diese Praxis verstößt gegen alle Menschenrechtskonventionen und wird in Deutschland als Straftat und schwere Körperverletzung mit bis zu fünfzehn Jahren Gefängnis bestraft. Doch auch mitten unter uns leben beschnittene Frauen. Alleine in Bayern nach Dunkelziffer-Schätzungen von Terre des Femmes[8] über 11.000 (!) Betroffene, zuzüglich mehr als 2000 gefährdete Mädchen (die dann womöglich im Urlaub in Ägypten einen Termin bei der Beschneiderin haben). Als westlicher Mensch fragt man sich, wie um alles in der Welt es passieren kann, dass so viele Menschen diese Folter mitmachen, dass nicht alle aufschreien und *sofort* damit aufhören? Wo ist #metoo von den betroffenen Frauen? Warum wehren sie sich nicht? Warum gibt es nur so wenige, die diese Gräueltaten überhaupt thematisieren und darüber aufklären? 1990 trat die UN-Kinderrechtskonvention in Kraft, die besagt, dass jedes Kind auf dieser Welt ein Recht darauf hat, unversehrt aufzuwachsen[9]. In den zehn wichtigsten Grundrechten sind unter anderem festgehalten: »Das Recht auf Gleichbehandlung und Schutz vor Diskriminierung unabhängig von Religion, Herkunft und Geschlecht« sowie »Das Recht auf Gesundheit« und »Das Recht auf ... eine gewaltfreie Erziehung im Sinne der Gleichberechtigung und des Friedens«. Der Kinderrechtskonvention sind mehr Staaten beigetreten als allen anderen UN-Konventionen, nämlich alle Mitgliedsstaaten mit Ausnahme der USA, was bedeutet: auch die Staaten, in denen weibliche Beschneidung stattfindet. Genitalverstümmelung ist offiziell weltweit verboten. Warum passiert sie trotzdem noch? Wie um alles in der Welt können Mütter, die es selbst erlebt haben und jeden Tag mit den Folgen leben müssen, *das* ihren Töchtern antun? Kann man soetwas mit Traditionen rechtfertigen? Liebe westliche freie Mütter, meint ihr echt? Vielleicht sollten wir lieber Folgendes festhalten: Frauen auf der ganzen Welt tragen durch ihre kollektive Passivität dazu bei, dass grausame menschenverachtende Taten an Frauen immer noch durchgeführt und gerechtfertigt werden. Wir Frauen *müssen* uns anschauen, wie zerstörerisch Passivität und Zurückhaltung sein können. Es sind nicht nur Väter, sondern auch die Mütter, die frauenverachtendes Gedankengut an ihre Söhne und Töchter weitergeben, von Generation zu Generation.

Ich frage mich, was sagen eigentlich die Männer dazu? Sie wissen gar nicht, was die weibliche Beschneidung konkret bedeutet, sie sind ja nicht dabei. Sie wissen nur, dass sie die Frau verstoßen müssen, wenn sie sie in der Hochzeitsnacht ohne Probleme penetrieren können. Vielleicht muss man sie bitten, sich mal vorzustellen, wie es sich wohl anfühlt und was es für den Rest ihres Lebens bedeutet, wenn die empfindlichste Stelle ihres Penis einfach abgeschnitten wird. Apropos Penisbeschneidung. Bei den Juden und bei den Moslems werden auch heute noch kleine Jungs beschnitten, wenn auch »nur« an der Vorhaut. Das hat ebenfalls etwas mit »Reinheit« zu tun. Wenigstens hat es keine solch gravierenden Folgen für den Rest des Lebens.

Wir Westeuropäer diskutieren über sexistische Sprüche und Männer, die Frauen an Silvester an den Po fassen, während mitten unter uns Kindern absichtlich Leid zugefügt wird. Wir beschäftigen uns mit der Frage, wie es auch die letzte Frau schafft, tolle Orgasmen zu haben, während nebenan kleinen Mädchen ebendiese Fähigkeit absichtlich für immer genommen wird. Wem das nicht schlaflose Nächte bereitet, der ist ein Ignorant.

Heilig, hetero, fromm – schlimm!

Wo versteckt sich die Lüge besser als im Anstand?

»Diejenigen, die besonders harmlos und fromm tun, sind oft die Schlimmsten.« Ist das eine Binsenweisheit oder ist da etwas dran? Was passiert, wenn Menschen ihre Schattenseiten verleugnen und sich in der Position einrichten, sie wären irgendwie »besser« als die anderen? Nun, die Erfahrung zeigt immer wieder: Wer sich nicht bewusst mit seiner dunklen Seite auseinandersetzt, aus dem wird sie irgendwann herausbrechen. Und das kann dann richtig ungemütlich werden. Der Psychiater und Begründer der analytischen Psychologie, Carl Gustav Jung, hat sich intensiv mit der dunklen menschlichen Seite und der Kraft, die sie in sich birgt, aber auch mit ihrer Zerstörungswucht beschäftigt und dazu geforscht.

Menschen und menschengemachte Organisationen haben immer die Tendenz gezeigt, sich über andere zu stellen und anderen ihre Wertvorstellungen aufdrängen zu wollen. Es scheint etwas zutiefst Menschliches zu sein, den Schatten nur bei den anderen zu sehen, nicht aber bei sich selbst. Die Metapher mit dem Balken, den man erst aus dem eigenen Auge ziehen soll, bevor man den Splitter aus jemandes anderen Auge entfernen kann, lernen Kinder schon im Religionsunterricht. Nur – was das in der Realität bedeutet, umreißt kaum jemand, weder Männer noch Frauen. Noch nicht mal diejenigen, die das unseren Kindern beibringen.

Nehmen wir als Beispiel die katholische Kirche. Diese

Organisation besteht aus einer rein von Männern regierten Struktur, in der zwei grundlegende menschliche (vor allem männliche?!) Kräfte, nämlich Gewaltpotential und Sexualität, großflächig verleugnet werden. Was dabei herauskommt, wurde 2010 sichtbar. In diesem Jahr wurde die katholische Kirche durch die Aufdeckung Tausender Missbrauchsfälle erschüttert.

Sexueller Missbrauch kommt bei Priestern dreimal häufiger vor als bei Männern der restlichen Bevölkerung – sagen Rechtswissenschaftler, die sich die Aufklärungsstudie zu den Missbrauchsfällen in der katholischen Kirche vorgeknöpft und sie analysiert haben. Zusätzlich muss von einer riesengroßen Dunkelziffer ausgegangen werden. In jedes Unternehmen würde sich sofort der Staat einmischen und alles stilllegen, wenn so viele Straftaten bekannt werden würden. Doch vonseiten der obersten Katholiken gibt es nach wie vor kaum ernst zu nehmende Konsequenzen. Was ist eigentlich das Problem bei denen? Wissenschaftler sagen: Grundlegende Säulen dieser Struktur wie Zölibat, Homophobie und klerikale Macht sind die Hauptursachen für die Tausende von Missbrauchsfällen an Kindern und Jugendlichen.[10]

Der Sexualwissenschaftler Volkmar Sigusch findet dazu klare Worte: »Geradezu makaber ist es, wenn kindliche Seelen von Seelsorgern zerstört werden. Der Zölibat produziert zwar keine Pädophilen und Pädosexuellen, er lockt sie aber an, ebenso wie sexuell Unreife, nicht zu sich gekommene Homosexuelle und Perverse. Für die katholische Kirche ist die gegenwärtige Missbrauchsdebatte nur auf den ersten Blick ein paradoxes Geschenk, jedenfalls dann, wenn sie zur Folge haben wird, historisch abgestorbene Auffassungen und Praktiken der Kirche zu beseitigen: die sexualfeindliche Sexualmoral, die Entrechtung der Frauen, die Menschen in den Tod treibende Verteufelung des Kondoms in AIDS-geplagten Ländern, den Zwangszölibat, die Diskriminierung der Homosexuellen usw. Machtkomplexe wie die katholische Kirche können nur durch Katastrophen in eine andere Richtung geschoben werden, wenn überhaupt.[11]

Ich habe kürzlich einige interessante Interviews mit dem katholischen Psychotherapeuten Wunibald Müller gelesen, der Priester in Gewissenskonflikten betreut. Er sagt, das Hauptproblem am Zölibat ist, dass sich die Priester, sobald sie es abgelegt haben, nicht mehr mit ihrer Sexualität auseinandersetzen. Sie denken offenbar, das brauchten sie nicht, und ihre psychosexuelle Entwicklung bleibt unreif und unterentwickelt. Wenn dann noch eine narzisstische Persönlichkeitsstruktur dazukommt (scheint öfter so zu sein), empfinden sie noch nicht mal Schuldbewusstsein dafür, dass sie sich an Kindern vergreifen, und denken teilweise noch, sie würden den Kindern »etwas Gutes tun«. Vom Zölibat als Lebensform fühlen sich häufig Menschen angezogen, die nicht in der Lage sind, tiefe intime Beziehungen einzugehen. Die finden das sogar besonders gut, denn ihre Beziehungsunfähigkeit wird ja sozusagen »heiliggesprochen«. Schätzungen gehen davon aus, dass 30 bis 40 Prozent der katholischen Priester homosexuell sind, doch die setzen sich genau so wenig mit ihrer sexuellen Orientierung auseinander wie die heterosexuellen Priester. Das wäre aber dringend notwendig! Die Kirche ist zutiefst homophob, und wer seine Homosexualität vertuscht, den wird sie an irgendeiner anderen Stelle wieder einholen. Die Lösung liegt auf der Hand – weg mit dem Zölibat und lasst endlich Homosexuelle und Frauen ins Priesteramt![12, 13]

Nicht nur die katholische Kirche hat ein Problem mit Homosexualität. Wenn es um Sex zwischen Männern geht, hört bei vielen der Spaß auf. Ich frage mich: warum eigentlich? Was ist so schlimm daran, wenn zwei Erwachsene etwas tun, das beiden Spaß macht und niemandem schadet? Warum muss man das verbieten? Und warum haben so viele Männer Angst vorm Schwulsein? Ist das, weil Schwule über Jahrhunderte gesellschaftlich geächtet, verfolgt und mit dem Tod bedroht wurden? Oder wurde Schwulsein überhaupt erst stigmatisiert, weil Männer grundsätzlich Angst vor Männerliebe haben? Schwule wurden und werden nämlich vor allem von Männern und männerdominierten Systemen verachtet und verfolgt, Frauen mögen meistens schwule Männer oder haben zumindest kein Problem mit ihnen.

Sex zwischen Männern stand in Deutschland noch bis 1994 unter Strafe, und so ist es in anderen Ländern teilweise heute noch. Aus heutiger westeuropäischer Sicht ist das nicht mehr nachvollziehbar – zwei Erwachsene tun etwas, das beiden Spaß macht, also wo ist das Problem? Interessanterweise scheinen das tatsächlich nur die Männer zu haben. Für homosexuelle Frauen hat sich nie jemand interessiert – das deutsche Strafrecht beispielsweise bezog sich ausschließlich auf Männer. Homophobie scheint ein speziell männliches Thema zu sein. Oder ist das eine weitere Facette dessen, dass Weiblichkeit bisher einfach nirgendwo so richtig sichtbar war? Offizielle Statistiken sprechen von etwa fünf Prozent schwulen Männern in der Gesamtbevölkerung. Wobei die Dunkelziffer sicherlich deutlich höher ist. Der empirische Sexualforscher Alfred Kinsey vermutete in den 60ern in den USA, dass bis zu 30 Prozent der Männer zumindest schon mal einzelne Erfahrungen mit dem gleichen Geschlecht gemacht oder derartige Fantasien hatten. Zu Frauen gibt es erst seit wenigen Jahren überhaupt Daten, und die zeigen: Frauen sind viel offener für Homo- und Bisexualität als Männer! Beispielsweise fand ein Berliner Meinungsforschungsinstitut im Rahmen einer Befragung von 12.000 Menschen im Jahr 2016 heraus, dass sich durchschnittlich 7,4% der Deutschen als LGBT (Lesbian, Gay, Bi, Trans) definieren, davon mehr Frauen (8,4%) als Männer (6,4%). Deutschland liegt damit an der Spitze in Europa.[14] Frauen stehen offenbar eher dazu, wer sie sexuell sind, vielleicht weil sie nie so schlimm verfolgt und diskriminiert wurden wie die Männer. Ich persönlich glaube, diese Zahlen liegen in Wahrheit deutlich höher, es trauen sich nur viele nicht, offen zu ihrer Sexualität zu stehen, entweder weil sie moralische Bedenken haben oder weil die, die es tun, ihre Neigungen häufig besonders deutlich nach außen tragen und ein Politikum daraus machen. Das ist für den Rest eher abschreckend oder sie wollen ihre sexuellen Neigungen nicht öffentlich machen. Ich bin diesen Sommer zum zweiten Mal beim Münchner CSD auf einem der Wagen mitgefahren, und es war nicht nur genial, sondern hat mich sehr berührt. Dass so viele schwule und queere Menschen auf der Straße tanzen und sich öffentlich in den Armen liegen, ist noch nicht sehr lange möglich. Doch die Homophobie unter den Männern (und männlichen Systemen) ist noch lange nicht überwunden.

In manchen Regionen der Welt gibt es nach wie vor die Todesstrafe auf gleichgeschlechtlichen Sex. Der Gay-Travel-Index listet 72 Länder und Territorien auf, in die vor allem Schwule besser nicht reisen sollen. Doch auch in den Ländern, die zu den fortschrittlichsten gehören, sind die Vorurteile längst nicht überwunden. Eines der krassesten Beispiele für moralistische, nicht totzukriegende Propaganda ist HIV.

Der Sprecher des republikanischen Präsidenten Reagan nannte »Aids«, also das Vollbild der Erkrankung, Anfang der 80er die »Rache der Natur an den Schwulen«, und rückblickend wirkt die gesamte Geschichte mit dieser Immunschwächekrankheit so, als wäre diese Krankheit vielen Regierungen gerade recht gekommen, um die gerade aufkeimende Freiheit der sexuellen Revolution wieder plattzumachen. Sie mussten noch nicht mal irgendetwas verbieten. Nur ein paar angebliche Schuldige suchen und mit einer bestimmten Wortwahl Ängste schüren. Wer noch nie von Gaëtan Dugass gehört hat, sollte sich mit diesem Namen beschäftigen. Dieser Mann, ein Flugbegleiter einer amerikanischen Fluggesellschaft, galt lange als »Patient null«, der erste Patient, der die Krankheit AIDS angeblich nach Amerika brachte. Der eloquente Mann hatte nach eigenen Angaben etwa 250 verschiedene Sexualpartner pro Jahr – und zwar Männer, denn er war homosexuell. Von diesem bei allen beliebten Steward hieß es, dass er durch sein sexuell ausschweifendes Leben das HI-Virus an sehr viele Menschen verteilt hätte. Doch auch wenn die Krankheit relativ häufig bei MSM vorkommt (= Männer, die mit Männern Sex haben), so hält sie keinesfalls dem Begriff »Schwulenseuche« stand, mit dem sie damals betitelt wurde. Und heute ist klar: AIDS kam bereits viele Jahre früher in den USA vor. Die ersten Artikel in den deutschen Medien, wie dem Spiegel, schrieben über eine aufkommende »Lustseuche des 20. Jahrhunderts« und titelten: »Die Promiskuität ist der Motor der Seuche«. HIV wurde mit der Pest verglichen, die wie ein apokalyptischer Reiter über die Menschheit kommen würde. Und schuld daran seien die Homosexuellen, »für die der Herr immer eine Peitsche bereit hat«. Die Kommunikation der Medien triefte vor Moral, und genau die Menschen, die ein freieres Leben führten, standen in der Schusslinie. Und das ist auch heute noch so. Weil in den Medien nicht darüber berichtet wird, welche riesengroßen Schritte Medizin und Forschung mittlerweile gemacht haben.[15]

AIDS geistert auch im 21. Jahrhundert nach wie vor durch die Köpfe, es schwingt immer eine unbestimmte Angst mit, wenn es um unverbindliche Sexkontakte geht. Dabei haben Mediziner die Krankheit längst im Griff. Wer sich mit HIV angesteckt hat, kann sie mit Medikamenten in den Griff kriegen. Diese muss er zwar lebenslang nehmen, aber die eine Tablette am Tag hat wenig Nebenwirkungen und die Viruslast im Blut sinkt damit unter die Nachweisgrenze, ist also praktisch nicht mehr vorhanden. Das bedeutet, jemand, dessen Krankheit behandelt wird, ist nicht mehr ansteckend. Überhaupt ist das HI-Virus ein schwer übertragbares Virus: *Durchschnittlich weniger als ein Prozent* der *ungeschützten* Sexualkontakte mit *unbehandelten* HIV-Infizierten sind ansteckend. Das heißt, es ist per se sehr unwahrscheinlich, sich überhaupt daran anzustecken! Zusätzlich gibt es heutzutage eine Art »Pille danach« nach einem »risikoreichen« Geschlechtsverkehr sowie eine »Pille davor« zur Einnahme vor einem solchen. Das alles ist heute bekannt, und dennoch wird es kaum an die Bevölkerung kommuniziert. Der moralische Beigeschmack bleibt. Im Jahr 2017 wissen laut Statistik der bundesdeutschen AIDS-Hilfen aber nur 10 Prozent der Bevölkerung von der Schutzwirkung der Therapie. Warum eigentlich klärt uns niemand darüber auf? Die Einzigen, die das tun, sind die 120 AIDS-Hilfe-Niederlassungen, zu denen man in der Regel aber nur geht, wenn man einen konkreten Anlass hat. Ein kleiner Einblick in die Statistik zeigt, insgesamt sind seit den 80er-Jahren etwa 30.000 Menschen in Deutschland an AIDS gestorben. Zum Vergleich: Mehr als 200.000 Menschen sterben im gleichen Land jedes Jahr an den Folgen einer Krebserkrankung. Es geht mir nicht darum, die Krankheit zu verharmlosen, sondern der moralischen Propaganda, für die AIDS benutzt wurde, ein paar Fakten entgegenzusetzen und zu fragen: Warum haben wir immer noch so starke Vorbehalte gegenüber Menschen mit HIV?[16, 17]

Der Stand der Aufklärung in einer Gesellschaft spiegelt immer auch die jeweiligen kulturellen Werte wider. Was ist die Wahrheit hinter moralisch gefärbten Informationen? In Deutschland sind andere Geschlechtskrankheiten jedenfalls deutlich relevanter als HIV, über die wiederum wird aber kaum geredet. Eine Bekannte von mir arbeitet bei der AIDS Hilfe und erzählt mir ein Fallbeispiel: eine Frau, die durch eine bakterielle Geschlechtskrankheit schwer erkrankt ist. Syphilis, Tripper und Chlamydien kommen in Deutschland zusammen mehr als dreimal so häufig vor wie HIV – auch heute noch und in allen gesellschaftlichen Schichten. Diese Krankheiten sind Gott sei Dank gut behandelbar und man kann sie durch Nutzung eines Kondoms verhindern. Allerdings nur, wenn man frühzeitig davon erfährt und sie behandeln lässt. Bei dieser Frau lag der Fall nämlich so: Ihr Freund hatte sich bei einem seiner heimlichen ungeschützten Fremdgänge angesteckt. Er hat die Erkrankung bemerkt und sich ärztlich mit Antibiotikum behandeln lassen, nur hat er seine Frau nicht informiert. Wahrscheinlich war es ihm peinlich, er hat jedenfalls nichts gesagt, und sie hat aufgrund einer beruflich sehr stressigen Phase nichts gemerkt, bis sie mit starken Symptomen zum Notarzt musste. Und dann war es fast zu spät. Einen AIDS-Test hatte sie gemacht, als sie den Typen kennenlernte – das war ihr damals sehr wichtig – und dann hat sie sich nicht weiter damit beschäftigt. Moral ist ein schlechter Ratgeber.

#mimimimitoo

Andere zu finden, mit denen wir Frauen uns als Opfer solidarisieren können, ist nicht schwer. Dazu zu stehen, dass wir selbst Männer fertigmachen, dafür umso mehr.

Wie im Kapitel »Männer in die Backstage!« beschrieben, hat die Tatsache, dass Frauen sich öffentlich als Opfer darstellen, eine gewisse Tradition. Es wird Zeit, dass wir mal aufhören mit dem Jammern! #metoo ist eine starke und wichtige Bewegung und die Idee dahinter gut. *Nichts* rechtfertigt (männliche) sexistische Gewalt! Niemand braucht darüber zu diskutieren, dass Vergewaltigungen Verbrechen sind und bestraft gehören. #metoo ist – abgesehen von seinen historischen Wurzeln – auch ein Ausdruck des sehr aktuellen Zeitgeistes, dass wir alle keine Lust mehr auf Gewalt und Unterdrückung haben und dass wir den Scheiß, der überall auf der Welt passiert, nicht mehr unter den Teppich kehren, sondern ans Licht holen.

#metoo hat nun aber ein interessantes Eigenleben entwickelt. Denn Frauen nutzen die Kampagne auch für ihre persönliche Männerhasser-Kriegsführung, und das ist genau die Stelle, an der Männer sich berechtigterweise darüber aufregen. Was hat es bitte mit einer Vergewaltigung zu tun, wenn ein Mann beim Flirten einen Spruch bringt, der plump und dumm ist? Dann ist der Mann halt plump und dumm – das sind viele Männer –, aber das hat doch nichts mit einem Übergriff zu tun? Wieso nehmen Frauen das persönlich? Wenn Frauen sich schon davon angewidert fühlen, wenn ein Mann ihnen im Rahmen einer Diskussion auf Facebook einen virtuellen Kuss zuwirft, dann denke ich mir nur: Hey, Frauen, entspannt euch doch mal! Sind wir so voll Hass auf Männer, dass wir so etwas nicht einfach mit einem milden Lächeln wegstecken können? Niemand wird stark, indem er sich mit anderen zusammenrottet und in seinem bzw. ihrem Opferdasein solidarisiert. Das gibt zwar kurzfristig ein gutes Gefühl. Aber Power kreiert es nicht. Im Gegenteil, auf Dauer zieht es alle runter. Mimimi ist gerade groß in Mode, in vielen Bereichen, auch in der Politik. Sehr viele Menschen sehen sich als Opfer oder identifizieren sich mit welchen, und es tauchen immer neue Opferstereotype auf.[18] Wieso bringen Frauen sich nicht gegenseitig bei, wie sie sich wehren können, wenn es drauf ankommt? Wieso empowern wir uns nicht, sondern solidarisieren uns lieber gegen die Männer? Vielleicht, weil es viel einfacher ist, sich hinterher zu beschweren, dass wir einem Arsch zum Opfer gefallen sind, als dem Arsch in die Augen zu sehen und zu sagen: »Verpiss dich!« Männer sind einschüchternd, ja. Und jede Frau kennt das, sich zu ärgern, weil sie im richtigen Moment nicht richtig reagiert hat. Schlagfertigkeit ist zurückzuschlagen, und zwar sofort und mit der richtigen Waffe. Wir Frauen müssen lernen, Dinge anzusprechen, während sie passieren, und zu sagen, was wir sehen, während wir es sehen. Wir müssen »Nein« sagen, wenn wir etwas nicht wollen, und uns wehren, wenn uns jemand wehtut. Das hat uns bisher leider niemand beigebracht.

Stattdessen lernen wir, uns möglichst immer dezent zurückzuhalten und den Mund zu halten. Es ist gut, den Mund aufzumachen, auch wenn es erst dreißig Jahre später ist. Doch ich frage mich: Wollen wir dann jetzt erst mal viele Jahre lang den Mund aufmachen oder endlich anfangen, etwas zu unternehmen? Die bei #metoo geschilderten Übergriffe sind häufig aus einer Hierarchie oder Abhängigkeit heraus passiert: der allmächtige Filmproduzent gegen die machtlose austauschbare Schauspielerin oder der skrupellose Chef gegen die von ihm abhängige Auszubildende. Doch solange Frauen sich immer wieder selber in diese abhängigen Rollen hineinmanövrieren, wird es schwierig, ihre Situation zu verändern. Hier braucht es etwas grundlegend Neues!

Apropos (Hollywood-)Filme: Schon mal was vom Bechdel-Test gehört? Dieser einfache Test der Zeichnerin und Autorin Alison Bechdel für Geschlechterklischees in Filmen entlarvt seit 1985 anhand von nur drei fast unerhört simplen Fragen die meisten Hollywood-Blockbuster als Sexismus pur. Die Anforderungen an den Film, um den Test zu bestehen:

Erstens: Es kommen mindestens zwei Frauen in dem Film vor, die einen Namen haben. Zweitens: Die Frauen sprechen miteinander. Drittens: Sie sprechen über etwas anderes als über einen Mann.

Tatsächlich bestehen nur wenige Filme diesen Test. Die alten Star-Wars-Filme beispielsweise erfüllen ebenso wenig die Kriterien wie die komplette »Herr der Ringe«-Trilogie oder »Avatar« und – was man nicht erwarten würde – »Lola rennt«. Lola repräsentiert zwar eine starke Frau – sie spricht aber nicht mit einer anderen Frau. Gleiches gilt für Lara Croft: Tomb Raider. Angelina Jolie unterhält sich nur mit Männern. Und wenn zwei namensinhabende Frauen in einem Film über etwas anderes als Männer sprechen, sind es meistens Klamotten, Schminke oder Essen. Regelmäßig fallen in Untersuchungen bis zu zwei Drittel der neu veröffentlichten Filme – und vor allem derer, die zu Blockbustern werden – überall auf der Welt durch diesen Test.[19, 20]

Die Leute *wollen* offensichtlich sexistische Filme schauen, in denen Männer und Frauen typische Rollen repräsentieren: der mächtige, führende, starke Mann und die Frau als Sexobjekt in der Nebenrolle. Ich frag da mal: Wo sind die starken und mächtigen Filmproduzentinnen? Wo sind überhaupt die starken und charismatischen Frauen, die in der Welt etwas bewegen und zu denen mal die Männer aufschauen können? Wir müssen der männlichen Art von Sexismus endlich etwas Weibliches, Kraftvolles entgegensetzen, eine eigene weibliche Potenz. Und deshalb, liebe Frauen, müssen wir endlich mal zugeben, dass wir selbst auch keine harmlosen Rehlein sind. Das Perverse ist nämlich: Wir Frauen verletzten bereits die ganze Zeit Männer. Wir *sind* bereits auf unsere Weise sexistisch. Wir tun es nur so versteckt, dass es uns selbst nicht bewusst ist. Und wenn es uns bewusst wird, werden wir es auf keinen Fall zugeben. Wir Frauen überschreiten auch Grenzen von Männern, und zwar permanent. Auch Frauen schüchtern Männer ein, und wie! Ich würde sogar behaupten, die meisten Männer haben eine riesengroße *Scheißangst* vor Frauen. Und zwar insbesondere vor ihren eigenen. Sie haben Angst davor, nicht mehr geliebt oder gar verlassen zu werden und ihre Kinder zu verlieren. Sie haben Angst vor den weiblichen Psychospielen, weil sie da nicht mithalten können. Sie haben Angst, von der eigenen Frau öffentlich diffamiert zu werden. Es würde uns stark machen, endlich mal dazu zu stehen, dass wir Männer in die Knie zwingen können, wenn wir es wirklich drauf anlegen. Die Männer, die wir verletzen, sind allerdings nicht die gleichen, die uns verletzen. Wir vergehen uns vor allem an den Männern, die uns nahestehen.

#Männer-Metoo

Wie würde #Metoo von Männern klingen? Und – würden Männer überhaupt auf die Idee kommen, sich öffentlich über die Gemeinheiten von Frauen zu beschweren?

»Meine Freundin macht mich fertig. Sie schreit mich an und beleidigt mich, manchmal unter der Gürtellinie. Ich habe schon so oft gesagt, dass sie damit aufhören soll, mich anzuschreien, weil es mich belastet und verletzt, aber sie tut es immer wieder. Klar kann man sich mal streiten, aber gegen diese Emotionsausbrüche habe ich überhaupt keine Chance. Und dann droht sie mir, überall im Ort private Details über mich und unsere Beziehung herumzuerzählen und was für ein Arsch ich bin. Ich frage mich wirklich, ob ich mich nicht besser von ihr trennen soll. Aber dann gibt es ja auch die Momente, wo sie total liebevoll ist.«

Es wird Zeit, dass auch Männer mal ehrlich sagen dürfen, wie sie von Frauen fertiggemacht werden. Denn das würde die Debatte einen entscheidenden Schritt weiterbringen. Frauen tun es ganz anders als Männer, vielleicht hat deshalb noch kaum jemand hingeschaut. Wenn wir ehrlich sind, wissen wir es. Doch es steht so gut wie nirgendwo geschrieben, wie ein offenes Geheimnis, das nicht benannt werden darf. Durch Zufall habe ich auf einer Seite zum Thema »Mobbing an Schulen« gelesen: »Wenn Mädchen mobben, geschieht es meistens heimlich, still und leise. Wenn Jungen mobben, spielt eher körperliche Gewalt eine Rolle.« Warum sollte das bei Erwachsenen anders sein? Frauen werden in der Regel nicht sexuell übergriffig gegenüber Männern. Klar, das gibt's auch, aber eher selten. Frauen attackieren vor allem »ihre eigenen« Männer, mit denen sie in Beziehungen sind.

Eine der Strategien, die Frauen anwenden, ist, dass sie ihr Herz verschließen. Und das ist für einen Mann eines der schlimmsten Dinge, die ihm in einer Beziehung passieren können. Akzeptanz und Liebe von der Frau zu spüren, ist für Männer extrem wichtig. Aus dieser Position heraus wenden Frauen allerlei psychologisches Kriegshandwerkszeug an. Das beginnt mit Liebes- und Sexentzug, emotionalen Ausbrüchen und Verleumdung und geht so weit, dass sie die Kinder mit in den Krieg nehmen und gegen den Mann aufwiegeln (»Dein Papa ist ein Versager«). Und natürlich geht es ums Geld. Spätestens bei der Scheidung ziehen die Frauen den Männern das letzte Hemd aus. Die meisten dieser Strategien sind passiv-aggressiv. Sie sind nicht körperlich, aber extrem wirkungsvoll, wenn es darum geht, einen Mann psychisch, emotional und seelisch zu verletzen. Wer mir das nicht glaubt, möge sich auf Parship, Elitepartner & Co. einen geschiedenen Mann suchen, sich mit ihm auf ein Glas Wein treffen und ihn fragen, warum er geschieden ist.

Die weiblichen Messer sind direkt in ihren Herzen positioniert und heißen Abschätzigkeit, Urteile, Ignoranz und Verachtung. Frauen attackieren Männer, indem sie ihnen etwas nicht geben, das sie dringend brauchen, und zwar Liebe, und sie gleichzeitig innerlich verurteilen. Liebesentzug ist *die* weibliche Strategie, um Männer fertigzumachen. Vor allem, wenn sie vorher ihre Herzen durch allerlei Verführungstaktiken für sich gewonnen haben. Frauen haben kein Interesse daran, dass diese Taktik auffliegt, auch nicht in der nächsten Generation. Denn sie bringen ihren Söhnen immer noch bei, dass die ihre Gefühle im Griff haben müssen, nicht weinen und ein starker schmerzfreier Indianer sein sollen. Gefühle und Männer, das passt nicht zusammen, dieser Mythos wird immer wieder weitergetragen.

Die meisten Männer sind als Erwachsene nicht in der Lage, ihre Emotionen adäquat auszudrücken. Und das nutzen die Frauen gnadenlos aus. Sie dominieren mit Emotionen, Weinen (damit kriegt frau jeden Mann weich, eben weil Männer das selbst nicht »dürfen«) oder Gefühlskälte. Und sie entziehen dem Mann die körperliche Nähe. Ich hatte früher mal eine Bekannte, die ihren Freund immer, wenn es ein Problem in der Beziehung gab, anraunzte: »Fass mich nicht an!« Es existieren so gut wie keine Gelegenheiten, in denen Männer einmal ehrlich über ihre Gefühle sprechen könnten, geschweige denn Foren oder Hashtags für einen öffentlichen Austausch. Denn wenn ein Mann schreiben würde, wie verzweifelt er ist, dass seine Frau ihn mit kalten Augen anblickt und ihm dabei sein letztes Geld aus der Tasche zieht, würde er sofort als Weichei gelten und noch dazu mit einem Shitstorm der gesamten Frauenwelt rechnen müssen. Kein Wunder, dass Männer sich stattdessen in ihre Arbeit stürzen, saufen gehen oder sich die Liebe woanders suchen.

Die Lust am Fremdschämen

Lieber ergötzen wir uns an den Fettnäpfchen der anderen, als für Spaß in unserem eigenen Leben zu sorgen.

»Eigentlich wollte ich nicht, aber es schien mir einfacher, nichts zu sagen und es durchzuziehen.« Ist so etwas schon ein sexueller Übergriff? Das Statement, unter dem die Kurzgeschichte »Cat Person«[21] im Rahmen der #metoo-Kampagne diskutiert wird, ist hochaktuell. Es geht um weibliche sexuelle Selbstbestimmung. Die Aussage ist klar: Wenn der Sex schlecht ist, liegt das grundsätzlich am Mann. Und wenn eine Frau schlechten Sex mitmacht, obwohl sie keine Lust darauf hat, liegt das auch an dem Mann. Und wenn die vielen Millionen Leser dieser Geschichte über einen missglückten Dating-Versuch im »The New Yorker«-Magazin ehrlich wären, würden sie zugeben, dass sie diese Geschichte lieben, weil Fremdschämen irgendetwas perverses Lustvolles hat. Diese Geschichte gilt als *die* Story, die den Zeitgeist junger Menschen in Bezug auf Dating, Beziehungen und Sexualität widerspiegelt, das Magazin erlebte die höchste Auflage in hundert Jahren Bestehen.

Es geht um Folgendes: Eine junge Studentin hat eine kurze Begegnung mit einem Mann Mitte dreißig, die beiden flirten danach wochenlang virtuell, was das Zeug hält, sie verliebt sich in die Vorstellung, die sie von ihm entwickelt. Irgendwann kommt es zu einem zweiten Treffen, und sie merkt, dass er sie in der Realität überhaupt nicht anturnt. Schnell findet sie heraus, dass er ein fürchterlich schlechter Küsser ist. Sie hat von Anfang an keine Lust auf ihn, will aber nicht unhöflich sein. Sie gehen ins Kino, in eine Kneipe, später zu ihm nach Hause und haben Sex. Um das möglich zu machen, »trinkt sie ihn sich schön« und stellt sich während des Aktes vor, wie begehrenswert sie für ihn sein müsse. Der Mann wird als unbeholfener Trottel beschrieben, der die Verführungsversuche der Frau ohne großartige Emotionen mitmacht, fürchterlich schlecht im Bett ist und zum Schluss ausfällig wird, als er kapiert, dass sie ihn verarscht hat. Die aus Sicht der Frau geschriebene Story präsentiert in jedem Absatz mindestens eine Frauengemeinheit, schafft es aber dennoch, so gelesen zu werden, dass sie das Opfer eines sexuellen Übergriffes ist. Angeblich haben sich Millionen von Leserinnen in dieser Geschichte wiedergefunden und klatschen begeistert Beifall. Es scheint vielen so zu gehen, dass sie, wenn sie einmal mit Sex angefangen haben, sich mittendrin umentscheiden und ihn dann doch nicht wollen, sich dann aber verpflichtet fühlen, ihn zu Ende zu bringen und den Rest über sich ergehen lassen.

Alle ergötzen sich an dem trotteligen Kerl, der mit Mitte 30 vermutlich noch Jungfrau ist und sein Wissen über Geschlechtsverkehr aus Pornos bezieht. Und an der Frau, die in Leggins und T-Shirt zum Date geht, schlechte Laune hat und sich die ganze Zeit wünscht, dass der Typ doch noch zu dem Prinzen wird, den sie sich erhofft hat. Interessanterweise wird die Story im Rahmen der Frage von Einvernehmlichkeit diskutiert. Wie wäre es, wenn diese Geschichte aus der Sicht des Mannes geschrieben wäre? Das würde dann vielleicht so verlaufen: Er geht ins Kino und wird von einer jungen Popcorn-Verkäuferin erst beleidigt und beim zweiten Mal angeflirtet. Sie tauschen Nummern aus, und sie flirten per SMS. Sie gibt sich viel Mühe, ihn zu beeindrucken. Dann treffen sie sich, und sie sendet den ganzen Abend über verwirrende gegensätzliche Botschaften. Sie hat sich kein bisschen schön für das Treffen gemacht, aber dennoch scheint sie etwas von ihm zu wollen. Sie begleitet ihn in seine Wohnung, gibt ihm immer wieder Signale, dass sie Sex will, aber als es so weit ist, wirkt sie merkwürdig abgeturnt und lacht zwischendurch hysterisch. Sie sagt aber nichts. Dann fährt sie nach Hause, und am nächsten Tag bekommt er eine SMS »Hi, bin nicht interessiert, hör auf, mir zu schreiben!«

Jeder, der sich in so einer Geschichte wiederfindet, egal ob Frau oder Mann, könnte sich – anstatt zu denken: »Ja, genau so etwas habe ich auch schon erlebt!« – fragen: Wie könnte das Happy End einer solchen Begegnung aussehen? Ist ein Happy End zwischen diesen zwei Menschen überhaupt möglich? Was müsste passieren, damit die zwei einen schönen Abend haben, bei dem sie miteinander lachen und sich zusammen ins Nirvana vögeln? In der Antwort auf diese Frage liegt das Happy End im eigenen Leben. Wenn *die beiden* es schaffen, ein glückliches Paar zu werden oder zumindest einen schönen Abend zu verbringen, kann es jeder. Wir sind es nicht gewohnt, solchen Figuren ein Happy End zu gönnen, weil sie uns zu sehr an uns selber erinnern.

Sex nach Paragrafen

Seit der #metoo-Kampagne wird in vielen westlichen Ländern diskutiert, was genau eigentlich sexuelle Selbstbestimmung bedeutet. Für die Frau, wohlgemerkt. Da Männer ohnedies als triebgesteuert gelten, werden sie bei den Überlegungen gar nicht einbezogen.

In einem Interview zum Thema sexuelle Selbstbestimmung las ich sinngemäß den folgenden Satz von einer Feministin: Keine Frau muss Sex durchziehen, nur weil sie ihn begonnen hat. Es muss für die Frau jederzeit und selbstverständlich möglich sein, eine sexuelle Begegnung abzubrechen, selbst wenn der Mann mit übergestreiftem Kondom neben ihr liegt.

Wenn ich so etwas lese, kommen mir gleich mehrere Gedanken:

Erstens: Wie ist die Frau bloß in diese Situation hineingeraten, dass ein nackter Mann mit übergestreiftem Kondom neben ihr liegt?

Zweitens: Natürlich hat sie jederzeit das Recht, Nein zu sagen, darüber brauchen wir nicht zu diskutieren. Das gilt für den Mann genauso.

Drittens: Was sagt eigentlich der Mann mit dem übergestreiften Kondom dazu? Vielleicht ist es ja genau andersherum, und *er* ist das Opfer. Also ich finde es ziemlich scheiße, wenn ich erst heißgemacht und dann aus heiterem Himmel fallen gelassen werde.

Viertens: Hier geht es um die Situation, die jede Frau schon zigfach erlebt hat, nämlich, dass sie auf einmal keine

Lust mehr auf Sex mit dem Typen in ihrem Bett hat und sich ärgert, weil sie sich die Situation selbst eingebrockt hat. Egal ob es ein One-Night-Stand ist, eine alkoholinduzierte Fehlinterpretation oder der eigene Ehemann. Diese Situation kommt häufiger vor, als die meisten denken, und hat *nichts* mit sexueller Übergriffigkeit vonseiten des Mannes zu tun, sondern mit Gemeinheit und Laune vonseiten der Frau. Doch im Zeitgeist von #metoo traut sich natürlich niemand, die Integrität der Frau auch nur einen Millimeter infrage zu stellen.

Fünftens: Wie wäre es, einfach mal lockerzulassen und tatsächlich dem Mann zuliebe mitzumachen und dabei vielleicht sogar Spaß zu erleben?

Sechstens: Einem Mann erst den Wunsch nach Sex zu signalisieren und dann den Wunsch kurz vor der Erfüllung wieder zurückzunehmen, ist typisch weibliches Nicht-wissen-was-frau-eigentlich-will. Frauenlaune. Was wäre dabei zu sagen: »Tut mir leid, ich habe es mir gerade anders überlegt, ich möchte nicht mehr. Ich bin eine blöde Kuh.« *Das* wäre wenigstens ehrlich.

Siebtens: Anstatt ehrlich zu werden, dass sie vielleicht selbst die Situation nicht richtig eingeschätzt haben, suchen sich Frauen mächtige Verbündete in Staat und Gesetzen. In Schweden beispielsweise wurde das Sexualstrafrecht dahingehend geändert, dass der Mann das Einverständnis der Frau bei einer sexuellen Aktivität beweisen muss. Vorher musste die Frau beweisen, dass sie nicht wollte, jetzt muss der Mann beweisen, *dass* sie wollte. Jetzt mal ehrlich: Wie soll ein Mann beweisen, was eine Frau will? Und wie soll das praktisch gehen? Theoretisch müsste er dieses Einverständnis vor jedem Stellungswechsel einholen. Soll er einen Zettel neben das Bett legen, wo die Frau ankreuzt und unterschreibt? Ja, nein, vielleicht? Die Konsequenz wird wohl eher sein, dass Männer aus Sicherheitsgründen nur noch Geschlechtsverkehr mit sehr ausgewählten Frauen haben.

Achtens: Was wäre, wenn die Frau in dem oben beschrieben Szenario dem nackten sexbereiten Mann neben ihr in die Augen schaut und sagt: »Du, mir macht das hier grad keinen Spaß. Lass uns etwas tun, das Spaß macht!«

Männlich und weiblich – kein Zustand, sondern eine Bandbreite

Facebook macht den Eintrag von sechzig verschiedenen Geschlechtern möglich. Das Bundesverfassungsgericht bietet ein offizielles drittes Geschlecht an. Und viele wollen jetzt erst recht Mann oder Frau sein.

Auch wenn es immer wieder Leute gibt, die uns weismachen wollen, dass wir alle »gleich« wären, wir sind alle unterschiedlich, und zwar viel mehr, als die meisten sich vorstellen können. Jeder Mensch vereint männliche und weibliche Anteile in sich, hat eine männliche und eine weibliche Seite. Jeder Mensch trägt eine völlig einzigartige Mischung aus männlichen und weiblichen Anteilen, aus Rollenbildern, Erfahrungen und kulturellen Einflüssen in sich. Das Männliche und das Weibliche entspringt unterschiedlichen Energien und besitzt unterschiedliche Eigenarten, Stärken und Schwächen. Man kann »männlich« und »weiblich« auch als Prinzipien verstehen. Wer tief in die Biologie schaut, stellt fest, dass die Grenze zwischen männlich und weiblich fließend ist, sie ist keine Linie. Es gibt Tierarten, die je nach Wetter ihr Geschlecht ändern. Und es gibt Menschen, die biologisch in einem Graubereich leben. Wo früher die simple Unterscheidung zwischen »zwei X-Chromosomen = Frau« und »ein X- und ein Y-Chromosom = Mann« gemacht wurde, existieren heute diverse Merkmale, die darüber bestimmen, ob jemand männlich oder weiblich ist beziehungsweise welche Anteile überwiegen, neben den Chromosomen beispielsweise die Hormone oder epigenetische Faktoren. Zusätzlich zum biologischen Geschlecht gibt es das phänotypische Geschlecht, also das Aussehen, Mann = Penis, Bart, breite Schultern und Frau = Brüste, Vulva, weiche Haut usw. Dazu kommen die Geschlechtsidentität und die Geschlechterrollen, also das »Gender«, denn das muss nicht zwingend mit dem biologischen oder phänotypischen Geschlecht übereinstimmen. Je intensiver sich die Biologie mit dem Geschlechtsthema beschäftigt, desto diverser werden die Geschlechter und desto vielfältiger die Ausprägungen, die zwischen dem typisch Männlichen und typisch Weiblichen liegen. Immer mehr Menschen ist es heutzutage tatsächlich zu banal, sich einfach als Mann oder als Frau zu benennen, sie wollen eine eigene Bezeichnung für das, als was sie sich sehen. Facebook hat sich als Erster dieses Problems angenommen. Wer hier ein neues Profil anlegt, kann sich eines von mittlerweile sechzig verschiedenen Geschlechtern aussuchen. Mir hat sich allerdings noch nicht erschlossen, was genau der Unterschied beispielsweise zwischen »transweiblich«, »trans*weiblich«, »Transfrau«, »transfeminin«, »Transgender weiblich« und »Transgender Frau« ist. Hier ist jedenfalls viel Spielraum für Individualität.

Die Realität außerhalb von Facebook sieht aber so aus: Wir kennen zwei Geschlechter: männlich und weiblich. Punkt. Und jeder neue Mensch, der geboren wird, ist fast überall auf der Welt automatisch eins von beiden und muss in das Raster passen. Junge oder Mädchen, rechte oder linke Toilette. Ab dem Moment, in dem der neue Mensch das Licht der Welt erblickt, erlebt er bzw. sie die Welt aus männlicher bzw. weiblicher Perspektive. Und die frischgeborene Person wird von allen anderen als Junge oder Mädchen behandelt. Moderne Soziologen sagen, der Mensch wird männlich oder weiblich »gelesen«.

Die Frage nach dem Geschlecht wird für einen Menschen erstmalig in dem Moment bedeutsam, wo in der Geburtsurkunde eingetragen wird: »Junge oder Mädchen« Schätzungen zufolge sind ein bis zwei Prozent der Menschen intersexuell, das bedeutet, sie besitzen sowohl männliche als auch weibliche Geschlechtsmerkmale. Die früher als Hermaphroditen bezeichneten Menschen können verschiedenste Merkmale von Zwischengeschlechtlichkeit zeigen, chromosomal oder phänotypisch, und es ist unter Umständen auf den ersten Blick nicht erkennbar, welchem Geschlecht sie zuzuordnen sind. Die entscheidende erste Frage im Leben dieser Menschen ist dann: Was trägt der Arzt in die Geburtsurkunde ein? Irgendwo muss er ja ein Kreuz machen. Das geht lebenslang so weiter mit den Kreuzchen. Wer sich bewusst macht, wie oft er schon irgendwo »m« oder »w« angekreuzt hat, bekommt nur eine kleine Idee davon, wie schwierig das werden kann, von Besuchen bei Ämtern und Banken über Flugbuchungen bis hin zu Online-Shops, die standardmäßig abfragen, ob man mit »Herr« oder »Frau« angesprochen werden will. Das Bundesverfassungsgericht hat 2017 beschlossen, dass der Eintrag eines »Dritten Geschlechts« möglich werden soll und dass Menschen, die nicht eindeutig binär männlich oder weiblich sind, endlich ein »eigenes« Geschlecht zusteht. Es gibt die Möglichkeit, in die Geburtsurkunde ein »d« für »divers« einzutragen. In der Praxis macht die Ankreuzerei von »divers« oder »unbestimmt« allerdings noch große Probleme, ganz zu schweigen von der dazugehörigen Anrede. Aber immerhin ist hier ein wichtiges Zeichen gesetzt.

Diesen Gedanken könnte man weiterdenken. Wie unglaublich glücklich könnte jemand sein, der weder Mann noch Frau oder beides ist und gar nicht erst in die typischen Rollen hineinwächst? Diese Menschen könnten uns einen völlig neuen Blick auf die Geschlechterklischees ermöglichen und damit einen riesengroßen Schritt in Richtung Frieden. Dummerweise haben aber genau diese Menschen aktuell noch selbst in fortschrittlichen Gesellschaften die größten Probleme. Weil sie trotz geänderter Gesetzeslage immer noch in eine der beiden Kategorien hineingequetscht werden, vor allem von ihren Eltern und von Ärzten. Es ist übliche Praxis, bereits an Säuglingen geschlechtsangleichende Operationen durchzuführen und das Kind zu zwingen, Mann oder Frau zu werden, obwohl es sich unter Umständen später dennoch dem anderen Geschlecht angehörig fühlt. Ganz nach dem Motto, was nicht passt, wird passend gemacht. Den Menschen und ihren Familien wird damit unglaubliches und vor allem völlig unnötiges Leid angetan! Das ist ähnlich schlimm wie die Beschneidung, auch wenn es »Operation« genannt wird. Gott sei Dank gibt es immer mehr intersexuelle Menschen, die sich dagegen wehren und ihre Rechte einfordern.

Ich habe kürzlich einen Bericht über einen jungen intersexuellen Mann gesehen, dem der (sehr kleine) Penis mit einem Jahr wegoperiert worden war und der als Mädchen großgezogen wurde. Dieser Mann hat sich auf die Suche nach der Ärztin gemacht, die ihm das damals angetan hat, und sie zur Rede gestellt. Sie hat sich entschuldigt, doch ansonsten war das Gespräch nicht zufriedenstellend.[22] Auf die Frage nach dem »Warum« kam nur: »Das war halt damals so.« So ein Irrsinn kann nur einem (von Männern entwickelten und dominierten) Medizinsystem entspringen, das sich zum Gott und Richter aufspielt und so tut, als wüsste es, was für Menschen gut ist. Und natürlich einer Gesellschaft, die alles, was nicht der eigenen Norm entspricht, verurteilt und stigmatisiert.

Politisch korrekt, aber todsterbenslangweilig

Anstatt zu überlegen, wie wir die Vielfältigkeit der Menschen und Geschlechter sichtbar machen können, machen wir die bestehenden Geschlechter unsichtbar. Ob das der richtige Weg ist?

In einem Workshop zum Thema sexuelle Gewalt mit vielen, eindeutig jüngeren Menschen als ich kommt es zur unvermeidlichen Vorstellungsrunde. Die Dozentin bittet uns, unseren Namen zu nennen und wie wir angesprochen werden wollen. Ich bin als Zweite an der Reihe, meine Vorrednerin sagt: »Ich bin Elke, Pronomen sie.« Das mit dem Pronomen habe ich nicht so mitbekommen und sage ganz unbedarft: »Ich bin Susanne, und, also, von mir aus können wir gerne ›Du‹ sagen.« Ich bin die Älteste im Raum und denke mir, ich sollte das anbieten. Das war aber gar nicht gemeint, es ging um das Personalpronomen. Das wird mir klar, als die dritte Person, meine Nachbarin links, meint, für sie könne das Pronomen »sie« oder »er« verwendet werden oder auch gar keines, das wäre ihr egal. Jemand anders bittet um das »doppelte sie*er«. Ich fühle mich etwas überfordert.

Gendergerechte Sprache hat ein Level erreicht, dem Menschen meiner Generation nur mehr schwer folgen können. Ich kann mich noch erinnern, wie das losging, als ich mit Anfang zwanzig zum ersten Mal in der Uni saß. Da kam gerade das große »I«, das Binnen-I, mitten im Wort in Mode, und wir wurden auf einmal StudentInnen. Und von sehr vielen Wörtern gab es plötzlich eine weibliche Variante.

Ich weiß noch, wie wir gewitzelt haben, ob wir zukünftig in der Mensa nach einer Salzstreuer*in* fragen sollten. Heute scheint die Political Correctness überall in der Sprache eine Rolle zu spielen, und ich habe das Gefühl, im Zusammensein mit jungen Menschen dauernd in irgendwelche Fettnäpfchen zu treten. Doch die Frage ist: Muss ich aufpassen, was ich sage, oder ist das ganze Thema zu einem Terror einiger kleiner Minderheiten gegenüber der unbedarften Masse verkommen? Meine Vermutung: Am Ende sorgt Political Correctness nicht dafür, dass sich die Minderheiten besser fühlen, sondern dass sich die Mehrheit schlechter fühlt. In gendergerechter Sprache schwingt etwas sehr Moralisches mit, das Andersdenkende brüskiert und damit genauso dogmatisch sein kann wie das, was sie bekämpft, nämlich Ausgrenzung und Diskriminierung.

Mir ist völlig klar, dass ich mit diesem Buch die Menschen, die auf diese Dinge Wert legen, schon ab dem Titel nicht erreiche und dass ich mich mit so einem Thema auf dünnem Eis bewege. Ich sehe schon, wie mir die Worte *»Klischeee!«* und »Geschlechterstereotypen!« wie faule Tomaten und Eier an den Kopf geworfen werden. Damit kann ich leben. Ich habe mich bewusst entschieden, die gendergerechte Sprache nur da einzusetzen, wo sie für mein Verständnis Sinn macht, denn sie wird uns bei unserem Grundproblem nicht helfen, weil sie uns noch mehr in den Kopf bringt und von unseren Sinnen und unserem Spaß abschneidet. Der Weg zu mehr Gleichberechtigung zwischen allen Geschlechtern wäre ein ganz anderer. Wer selbst glücklich ist, hat kein Interesse an Krieg. Wer sein eigenes Leben liebt, hat kein Interesse daran, das Leben anderer zu verurteilen oder andere zu diskriminieren. Jeder kann nur – und zwar wirklich ausschließlich – bei sich selbst und seinem eigenen Glück anfangen. Die Strategie, alle dazu zu bringen, jedes einzelne Wort noch mal im Kopf herumzudrehen, bevor wir es sagen, macht uns weder lebendiger noch glücklicher noch wacher.

Klar, von der Grundidee her ist es eine gute Sache, Minderheiten auch sprachlich zu berücksichtigen, versteht mich nicht falsch. Denn natürlich ist die geläufige Sprache, die wir alle sprechen, ein Ausdruck der männlichen Selbstherrlichkeit, und sie bietet eine Menge Diskriminierungspotenzial für Frauen sowie alle, die sich in ihrer geschlechtlichen Identität weder männlich noch weiblich definieren. Sprache zeigt, wie eine Kultur in Bezug auf Rollen und Wertigkeiten tickt, und da gibt es natürlich gerade in der deutschen Sprache mit den Demonstrativpronomen »der«, »die«, »das« noch viel Luft nach oben für Gleichberechtigung.

Wenn wir aber versuchen, jegliches Männliche und Weibliche aus der Sprache zu entfernen, entstehen abstrakte, blasse und langweilige Worthülsen, die die Sprache verkomplizieren und unverständlich machen. Ich habe mal versucht, meinen Buchtitel gendergerecht zu formulieren, und bin schon beim ersten Wort an Grenzen gestoßen. Welche andere Bezeichnung könnte man für »Männer« verwenden, die wirklich niemanden diskriminiert? »Mensch mit Penis« ist das Erste, was mir einfällt. Nun gibt es aber vielleicht Menschen, die zwar einen Penis haben, die sich aber dennoch nicht als Männer definieren. Ein Freund hat mir »Menschen mit Testosterondominanz« vorgeschlagen, das hat er aber glaub ich nicht ganz ernst gemeint. Und für die Frauen? Vielleicht »Menschen mit Menstruationshintergrund«? Und das Wort »Schwein« müsste man auf jeden Fall auch ändern, denn es klingt irgendwie auch diskriminierend. Schweine und Säue? Schweine und Schwein*innen? Nein. Ich könnte »allesfressende Tiere« versuchen, allerdings weiß dann keiner mehr, worum es eigentlich geht. Außerdem: Eventuell fühlen sich dann die Veganer diskriminiert. Vielleicht sollte ich einfach nur »Mensch« sagen. Oder ich lasse es gleich sein, denn ein Buch über Menschen im Allgemeinen will nun wirklich niemand lesen. Das Thema ist extrem verkopft mittlerweile, und es wird überhaupt nicht dem gerecht, was es eigentlich erreichen will. Ziel müsste doch sein, dass jeder einzelne Mensch in seiner Eigenart und Brillanz erkannt wird! Dass alle Menschen ihre wunderbaren Eigenheiten voller Selbstbewusstsein vor sich hertragen und die Welt durch ihre Genialität und Einzigartigkeit aufrütteln und schockieren! Durch gendergerechte Sprache wird aber jegliche Individualität und Eigenart der Menschen nivelliert. Der angstgetriebene Versuch, jeglichen Hauch von Rassismus oder Diskriminierung zu vermeiden, erzeugt farb- und leblose totsterbenslangweilige Neutralpersonen, mit denen sich niemand auch nur auf einen Kaffee treffen möchte. Aus Agenten werden auskundschaftende Personen, aus dem Bäcker ein backwarenproduzierender Mensch und aus dem Zimmermädchen eine geschlechtsneutrale Reinigungskraft. Alle Bilder, die wir über Leute im Kopf haben, werden zensiert. Viele Menschen verschwinden gar komplett aus der Sprache, zum Beispiel der gute alte Apotheker: Es heißt dann nicht mehr: »Fragen Sie Ihren Arzt oder Apotheker!«, sondern: »Holen Sie sich Rat in der Apotheke!«[23]

Ich frage mich manchmal, wie machen das eigentlich Personaler in Firmen? Wie schreibt man gendergerechte Stellenanzeigen? »Arbeitender Mensch egal welchen Geschlechts mit BWL-Kenntnissen gesucht«? Oder »freundliche Kolleginnen oder Kollegen oder *LGBTQIA+* im Team gesucht«? Was macht man, wenn man aus einer persönlichen Präferenz heraus tatsächlich lieber einen Mann als eine Frau einstellen würde, darf man das heute überhaupt noch? Der Weg von der Stellenanzeige zur Heiratsanzeige ist nicht weit. Bestimmt kommen bald erste Aktivisten auf die Idee, die Datingplattformen zu durchforsten und auch hier die gendergerechte Sprache einzuführen. Oder es gibt Kurse in gendergerechtem Dirty Talk. Das mit den Sternchen ist auch so eine Sache, so wird aus der Ansprache: »Liebe Kolleginnen und Kollegen« einfach »Lieb* alle« oder manche schreiben einfach nur noch »Huhu!«. Nicht, dass ich eine bessere

Lösung hätte, aber ob das den Leuten, die es betrifft, wirklich weiterhilft, wage ich zu bezweifeln.

Wo es für mich komplett aufhört, ist bei der Diskussion um die Frauenkliniken und die Gebärenden. Es ist möglich, dass (Trans-)Männer Kinder bekommen, also Männer, die früher Frauen waren und keine geschlechtsangleichende Operation durchführen haben lassen. Jedem das Seine, nur ist es wohl etwas übertrieben, dass deshalb nun »Gebärenden-Klinik« als Wort eingeführt werden soll, damit sich die Männer, die dort gebären, nicht diskriminiert fühlen. Laut Bundesverfassungsgericht gilt übrigens, dass sie nach wie vor als Mutter des Kindes ins Geburtsregister eingetragen werden, auch wenn sie als Mann leben.[24] Andere Genderismen sind gut gemeint, bewirken aber genau das Gegenteil. Es gab vor einiger Zeit den Versuch einer Kulturwissenschaftlerin, das Wort »Opfer« durch »Erlebende« zu ersetzen. Sie wollte ein Wort finden, das möglichst neutral klingen sollte, da bei der Bezeichnung »Opfer«, vor allem wenn es sich um weibliche Opfer sexueller Gewalt handelt, häufig etwas Diskriminierendes mitschwingt. Nach dem Motto, selbst schuld, wenn ihr so etwas passiert, das muss ja auch an ihr liegen. (Früher sagte man nach einer Vergewaltigung: die Frau wurde „geschändet". Krass eigentlich: Das bedeutet, die Schande lag bei ihr (!) und nicht beim Täter.) Wenn jemand Opfer eines Verkehrsunfalls wird, kommen die Leute jedenfalls seltener auf die Idee, demjenigen eine Mitschuld daran geben zu wollen. Der Schuss mit dem Austausch des Opfer-Wortes ging allerdings ziemlich nach hinten los, denn wenn das Opfer zum Erlebenden wird, mutiert die Vergewaltigung schnell zum Erlebnis.[25]

Ich habe mich übrigens kürzlich als Cis-Frau geoutet. Damit habe ich endlich auch eine Geschlechtsidentität. Diesen Begriff hat der Psychiater und Sexualwissenschaftler Volkmar Sigusch begründet, und er ist auf dem Weg, breite Bevölkerungsschichten zu ergreifen. Siguschs Erläuterung:

Wenn es Trans-Leute gibt, muss es logischerweise auch Cis-Leute geben. »Cis« bedeutet »diesseits« und »trans« jenseits, und in der Chemie wird mit diesen Worten zum Beispiel die Stellung der Kohlenstoffatome in einem Molekül bezeichnet. Ich kenne das von den ungesättigten Fettsäuren. Da es diskriminierend wäre, nur diejenigen mit einer Vorsilbe zu versehen, die »anders« sind, ist die Bezeichnung »Cis-Menschen« für die »Normalen« nur konsequent. Männer und Frauen, die nicht transsexuell oder transgender sind, werden dementsprechend als cissexuell oder cisgender bezeichnet. Cis-Frauen – also auch ich – sind Menschen mit Vagina, die als Frauen geboren wurden und sich als Frauen fühlen, deren biologisches Geschlecht also mit dem gefühlten Geschlecht übereinstimmt. Man nennt mich übrigens auch Bio-Frau.

Irgendwie erinnert mich das mit der Cis-Bezeichnung ein wenig an das Wortpaar online-offline. Letztes Jahr wurde ich zu einem Offline-Kongress als Speakerin eingeladen und musste wirklich kurz überlegen, was das sein sollte. Vielleicht bin ich für das alles einfach schon zu alt …

Unser Sohn ist jetzt Puppenmama

Würzige, kräftige Männergrillwürstchen versus süß-saure fettarme Frauengrillwürstchen. Was Gender-Marketing verstanden hat. Und was nicht.

Heute Morgen habe ich einen mutigen Versuch für gendergerechte Werbung gesehen: Baby Born sucht die beste Puppenmama! Zwei Mädchen und ein Junge spielen in dem Spot mit Puppen. Ist echt nett gemacht. Um die Zuschauer nicht allzu sehr zu überfordern, haben die Mädchen rosa T-Shirts an und der Junge ein blaues. Der Junge macht seinen Job gut. Und, ja, wir sollten uns wirklich von dem Klischee lösen, dass Puppenspielen vor allem ein Mädchen-Ding ist. Ich finde solche Werbungen total cool. Dennoch kann ich nicht verhindern, dass ich es auch irgendwie komisch finde, einen Jungen im TV mit Puppen spielen zu sehen. Das Bild ist zumindest mal ungewohnt.

Wir leben heute in einer seltsamen Zeit. Immer mehr Menschen machen sich für Gleichberechtigung auf allen Ebenen stark, kämpfen für Minderheiten und treten dafür ein, dass sämtliche Unterschiede zwischen Männern und Frauen abgeschafft werden, weil diese diskriminieren würden und mittlerweile genügend Studien beweisen, dass Unterschiede zwischen Menschen sowieso völlig aus der Luft gegriffen sind. Moderne Hirnforscher sagen, dass die Gehirne von Männern und Frauen keine wesentlichen Unterschiede aufzeigen, dass die Nutzung der Gehirne sich aber unterscheidet, was beispielsweise von Hormonen beeinflusst wird. De facto kann man Unterschiede beobachten. Gleichzeitig wurden Gender-Stereotype noch nie so stark betont und vermarket wie heute. Für Mädchen ist alles hell-weich-rosa-pink und glitzert, egal ob Spielzeug, Klamotten oder Puppenschminke. Jungs-Sachen sind blau, voller Action, die Figuren gucken finster drein, und immer ist irgendjemand in einen Kampf gegen das Böse verwickelt. Doch auch Firmen, die Produkte für Erwachsene herstellen, beschäftigen sich zunehmend mit Gender-Marketing, um zielgruppengenaue Artikel auf den Markt zu werfen, die eigentlich niemand braucht, die aber witzig sind. Scharfe Männerabend-Chips mit Barbecue-Geschmack für harte Kerle oder pink-betütete Mädelsabend-Chips mit Creamy-Paprika-Geschmack, brauchen wir so etwas? Unbedingt! Auch ein Bastelkleber für Mädchen mit einem Einhorn darauf verkauft sich vermutlich besser als der langweilige normale schwarz-rote Prittstift. Da kommt man schnell auf Fragen wie: Was passiert wohl, wenn man extrascharfe Männergrillwürstchen in eine Sweet-Chilly-Frauengrillsoße tunkt?

Aber Scherz beiseite, viel interessanter finde ich die Frage, welche Klischees konkret bedient werden und ob uns das Ganze in irgendeiner Weise weiterbringt auf dem Weg zum Geschlechterfrieden. Produkte für Männer sind grundsätzlich schärfer, schneller, derber, grober als Frauenprodukte, oft extrem kräftig, würzig – angefangen bei Männergurken (!) über die schon erwähnten Chips bis hin zu Yoga-Männer-Tee.

Produkte für Frauen sind kleiner, sanfter, leichter, lieblich, süßer, farblich *immer* rosa, pink oder lila (selbst Schraubenzieher und Bohrmaschinen), abgebildet sind häufig Prinzessinnen, Einhörner, Herzchen, Schmetterlinge und bei den Grillsoßen fettarme Putenschnitzel.

Unbewusst wird uns vermittelt, dass Männer die starken Kerle sind und Frauen liebreizende pinkbekleidete Prinzessinnen. Das ist wie in den Märchen, wo bestimmte männliche und weibliche Archetypen beschrieben werden. Da der einzige positiv konnotierte weibliche Archetyp in Märchen die liebe unschuldige Prinzessin ist, die auf ihren Prinzen wartet, bleibt der Werbung wenig anderes übrig, als dieses Klischee zu bedienen. Salzig schmeckende Böse-Schwiegermutter-Chips oder feurige Huren-Kekse würden sich wahrscheinlich nicht gut verkaufen. Und Jungs bzw. Männer sind in der Werbung wie in den Märchen immer die Helden – was natürlich zu ihrem Selbstverständnis gut passt. Die bestehenden Bilder und Klischees werden immer wieder rezitiert und zunehmend gefestigt, anstatt durch neue Bilder neue Realitäten zu erzeugen. Jede Mutter weiß, dass ihr Sohn unter dem starken Konkurrenzdruck schon im Grundschulalter leidet und dass ihre Tochter die meiste Zeit des Tages eben keine süße kleine Prinzessin ist. Es wird nach wie vor kontrovers diskutiert, woher das nun kommt mit der Unterschiedlichkeit der Geschlechter. Soziologen gehen so weit, dass sie Unterschiede im Verhalten von Männern und Frauen ausschließlich ihrer Sozialisierung zuschreiben, was aus meiner Sicht mit einem naturwissenschaftlichen Hintergrund nicht nachvollziehbar ist. Fakt ist jedenfalls: Klischees lassen sich deutlich besser vermarkten. Einige wenige Artikel haben mich hoffen lassen, dass in den Marketingagenturen doch ein paar wache Menschen rumlaufen: ein rosa Schnuller mit der Aufschrift »Drama-Queen«, der gleich von Anfang an aufzeigt, was Sache ist. Und eine sich selbst nicht ganz ernst nehmende Ducati-Werbung, in der sich Männer in den gleichen Outfits und gleichen Posen auf den schweren Maschinen räkeln wie sonst die Frauen. Wunderbar, um die typischen Klischees ad absurdum zu führen. Ich bin gespannt, wer zuerst ein genderfreies Produkt entwickelt und eine Idee hat, wie das Marketing dafür aussehen kann. Vielleicht landen wir dann wieder dort, wo meine Generation aufgewachsen ist, in den 70er- und 80er-Jahren, wo wir einfach etwas gekauft haben, weil wir Lust drauf hatten, und nicht, weil es pink oder blau ist. Ich hatte als Kind jedenfalls kein einziges pinkes Kleidchen.

Ehe ist wie Prostitution. Nur nicht so fair.

Solange Frauen noch einen reichen Mann und Männer eine schöne Frau suchen, stehen die Karten schlecht für gleichberechtigte Beziehungen.

Der Deal »Sex gegen Geld« ist uralt. Nein, nicht so alt wie die Menschheit, denn in der Zeit der Jäger und Sammler gab es noch kein Geld. Aber mit dem Patriarchat haben sich die Männer selbst die freie Verfügbarkeit von Liebe und Sexualität verbaut. Patriarchale Gesellschaftssysteme und mit ihnen eng verknüpfte patriarchale Religionen haben die freie Sexualität unterdrückt und dafür gesorgt, dass sich jeweils ein Mann und eine Frau aneinanderbinden und dieses Bündnis lebenslang aufrechterhalten müssen. Mit der Einführung der Ehe bekam weibliche Fruchtbarkeit und damit Sex einen Wert. Frauen können Sex gegen Dinge eintauschen: Geld, Schutz, Nahrung, Häuser, Autos, Restaurantbesuche und Handtaschen. In der Prostitution ist der Deal klar geregelt: Der Mann bezahlt für eine bestimmte Zeit oder eine bestimmte Dienstleistung, die Frau liefert, was der Mann bestellt hat, der Mann bekommt sein Happy End, und dann trennen sich beide wieder. Er mit Befriedigung, sie mit Kohle. Das ist klar, sauber und ein normales Geschäft wie eine Kosmetikbehandlung. Eine Ehe funktioniert ähnlich, sie ist ebenfalls ein Deal, bei dem jeder etwas gibt und dafür etwas bekommt, und bei den meisten Paaren geht es über kurz oder lang ebenfalls um Sex und Geld. Natürlich hat sich heutzutage in der westlichen Welt vieles verändert, was die Ehe betrifft. Frauen heiraten nicht mehr primär aus dem Grund, weil sie versorgt werden wollen, und Männer heiraten nicht mehr, damit sie endlich offiziell Sex haben dürfen. Sex vor der Ehe ist nicht nur erlaubt, sondern fast sogar ein »Muss«. Heutzutage sind endlich auch gleichgeschlechtliche Ehen möglich, und überhaupt kann man auch wunderbar unverheiratet sein Leben verbringen. In der Generation meiner Eltern sah das noch ganz anders aus, genauso wie in vielen Kulturen heutzutage noch. Doch egal aus welcher Motivation heraus Leute heute heiraten, in den allermeisten Fällen tritt irgendwann dennoch der Fall ein, dass einer von beiden über einen längeren Zeitraum mehr Geld verdient. Das ist in der Regel der Mann.

Die Frage ist: Wenn er mehr verdient und sein Geld mit seiner Partnerin teilt, ist das dann fair? Wahrscheinlich wird jeder spontan sagen: Ja klar, weil sie zieht ja die gemeinsamen Kinder groß, kümmert sich um den Haushalt usw., und das hat ebenfalls einen Wert. Doch wer sich mit der Realität von Paaren beschäftigt, stellt fest, dass es fast immer mindestens einen Partner in der Beziehung findet, der diesen Deal nicht fair findet. Spätestens wenn sich ein Paar trennt, kommt das zutage. Ganze Heerscharen von Anwälten leben davon, auseinanderzuklamüsern, wem bei einer Scheidung was zusteht, und am Ende ist ein riesengroßer Knackpunkt das Geld, das der Mann auch *nach* der Ehe noch bezahlen soll. Ich kenne nicht wenige Männer, die sich von dem Prinzip Ehe verarscht fühlen. Sie haben jahrelang geackert, um für einen guten Lebensstandard der Familie zu sorgen, sie haben dabei oft auf Sex verzichtet, weil die Frau – angeblich aufgrund der anstrengenden Kindererziehung oder der Doppelbelastung mit Teilzeitjob – nicht mehr wollte. Irgendwann geht die Beziehung auseinander, beispielsweise weil der Mann seine sexuellen und emotionalen Bedürfnisse woanders befriedigt. Und dann geht das Drama los, die Frau will Abfindungen, Unterhalt, und im schlimmsten Fall muss der Mann darum kämpfen, die Kinder überhaupt zu sehen, die er liebt, für die er jahrelang bezahlt hat und es noch viele Jahre tun muss.

Heutzutage werden die Beziehungs-Deals verhandelt, sie werden nicht mehr von Kirche und Staat vorgegeben, und jedes Paar kann und muss selbst entscheiden, wie es die finanziellen, sexuellen und sonstigen Themen organisiert. Die Probleme tauchen in dem Moment auf, wenn die eigenen Erwartungen nicht ausgesprochen werden und die Deals nicht klar sind. Oder wenn sich einer von beiden nicht an den Deal hält. Viele Männer haben es nach wie vor im Hinterkopf: Der verheiratete Mann bekommt vom Hochzeitstag an regelmäßig Sex, Nähe und Zuneigung. Das ist ihm wichtig, und das kauft er sich mit der Ehe ein. Männer bevorzugen nach wie vor schöne Frauen mit möglichst vielen (sexuellen) Reizen, von denen sie sich erhoffen, dass sie möglichst lange erhalten bleiben.

Viele Frauen haben es nach wie vor im Hinterkopf: die verheiratete Frau – sofern sie sich einen (erfolg-)reichen Mann wählt – hat für den Rest des Lebens ausgesorgt. Sie bekommt ein schönes Reihenhäuschen, eine Designerküche, Zugriff auf die Kreditkarte des Mannes und später einen Anteil an seiner Rente. Frauen bevorzugen Männer, die Geld haben oder die in der Lage sind, es zu verdienen, und hoffen, dass sie dazu möglichst lange in der Lage sind.

Eine Ehe auf dieser Basis funktioniert nach dem gleichen Prinzip wie Prostitution. Doch der Deal ist oft nicht klar, weil er nie so ausgesprochen wird, und meistens macht der Mann dabei langfristig das schlechtere Geschäft. In so gut wie allen Ehen sieht es nach ein paar Jahren nämlich so aus, dass der Sex selten wird und die Frau dem Mann auch sonst bei Weitem nicht mehr die Anerkennung gibt, die er sich wünscht. Die finanziellen Ansprüche der Frau aber entwickeln sich antiproportional dazu weiter. Wenn die beiden Kinder haben, stehen für die Frau über Jahre nur noch die

Kinder im Mittelpunkt, der Mann wird emotional an die Seite gedrängt. Zahlen muss er aber dennoch.

Natürlich gibt es neben diesem zugegebenermaßen veralteten Ehemodell (das aber 90 Prozent der Leute nach wie vor leben) alle möglichen Extreme: beispielsweise die gut verdienende Frau, die über Jahre ihre Kinder *und* ihren Mann durchfüttert und von der Ratenzahlung fürs Haus bis zum Einkauf im Bioladen alles alleine finanziert. In dieser Konstellation kann man die Tage zählen, bis die Frau den Respekt vor dem Mann verliert und ihn zum Teufel jagt. Da Frauen es allerdings gewohnt sind, sich Männern unterzuordnen, dauert es manchmal doch erstaunlich lange. Dann gibt es das kinderlose Paar, in dem beide (abzüglich des Gender-Pay-Gaps von ca. 20 Prozent) gleich verdienen. Diese Beziehungen funktionieren naturgemäß gut, sofern sie sich bewusst sind, welche Deals sie außer den finanziellen am Laufen haben. Dann gibt es noch das Modell der Ehe ohne Kinder, bei dem die Frau nicht arbeitet und sich durchfüttern lässt. Das funktioniert so lange, wie die Frau alle Wünsche des Mannes erfüllt. Damit sind wir wieder bei dem Vergleich mit der Prostitution. Wenn dieser Deal ganz ehrlich ausgesprochen ist, kann er wunderbar klappen, und es würde auch gar nichts dagegensprechen. Nur: Welche Frau gibt das ehrlich zu?

Vielleicht steckt in Frauen irgendwo ein Gen, das aktiviert wird, sobald sie mit einem erfolgreichen Mann zusammenleben? Mit der Aktivierung dieses Gens schalten sie ihren eigenen Jagdtrieb ab und lassen den Mann arbeiten. Oder ist das eine gesellschaftliche Konditionierung? Früher war beispielsweise in Westdeutschland und auch in den höheren gesellschaftlichen Schichten die Norm, dass Frauen nicht gearbeitet oder nach der Heirat damit aufgehört haben. Dort brauchte eine Frau bis in die 60er-Jahre sogar die schriftliche *Erlaubnis* zu arbeiten, entweder von ihrem Vater oder von ihrem Ehemann. Auch heute noch giltst du irgendwie als Rabenmutter, sobald du Vollzeit arbeitest und deine Kinder noch klein sind.

Ich habe in einer Statistik gelesen, dass knapp 80 Prozent der vierzigjährigen Frauen in Deutschland Kinder haben. Der größte Teil der Frauen sind also Mütter oder werden es. Muttersein ist keine Randerscheinung, sondern ein riesengroßes gesellschaftliches Thema. Eine andere Studie sagt, dass Frauen zehn Jahre nach der Geburt eines Kindes durchschnittlich 60 Prozent weniger verdienen als vor dem Kind. Mehr als die Hälfte! Zehn Jahre später. Das ist krass. Da frage ich mich: Liegt das nur an dem Kind? Liegt es am Staat und ungünstigen Arbeitsmodellen? Oder liegts vielleicht auch ein bisschen an den Frauen?

Jetzt kann man natürlich fragen: Hey, was soll das alles, ist doch nicht schlimm, wenn die Frau nicht arbeiten will, wo ist das Problem? Da stell ich eine Gegenfrage: Wer ist sich denn umgekehrt so sicher, dass Männer die Rolle des Hauptverdieners wollen? Lebenslang ackern und eine Frau mit durchfüttern?

Wer es genauer wissen will, möge mit Paaren arbeiten und sich die Beziehungen anschauen oder sich mit Scheidungen beschäftigen, die genau durch diese Deals entstanden sind.

Es gibt übrigens ein Szenario, in dem auch Männer faul und bequem werden. Wenn sie mit einer erfolgreichen Frau zusammenleben, die alles bezahlt und sie damit durchlässt. Das gilt für Partnerinnen, aber auch für Mütter mit erwachsenen Söhnen. Männer müssen von Frauen herausgefordert werden, sonst lassen sie sich gehen. Da hilft es auch nicht, wenn sie untereinander so tun, als wären sie der große Zampano. Denn für einen Mann ist es am Ende auch bequemer, die Frau arbeiten zu lassen. Er kann sich dann endlich in Ruhe von seinem Schreibtisch aus mit Verschwörungstheorien, Computerspielen oder der Rettung der Welt beschäftigen.

Sex und Geld, die schärfsten Waffen im Geschlechterkrieg

Der Wind bläst. Die Freundin nicht. Ein Herbstgedicht (unbekannt)

Wer beim Lesen dieses Buches denkt, ich würde nur Klischees breittreten, möge ein einfaches Experiment machen: Lest mal den Facebook-Newsfeed eurer Partner. Ihr werdet ziemlich schnell herausfinden, was ihn oder sie so interessiert und beschäftigt. Ich bin zufällig auf diese Idee gekommen, als mein Mann mir einen frauenfeindlichen – zugegebenermaßen aber guten – Witz gezeigt hat. Ich habe dann einfach mal ein wenig weitergescrollt. Überdurchschnittlich viele Postings zeigten halb nackte Frauen, die sich in sexy Posen auf Motorrädern räkelten. Daneben Witze, die immer irgendwas mit Sex beziehungsweise zu wenig Sex zu tun haben. Auf Platz drei und vier Reiseberichte und Politik. Bei dem, was in meinem Newsfeed so auftaucht, geht es auch um Sex. Allerdings mehr auf der theoretischen Ebene. Das ist bei mir natürlich nur berufsbedingt. Ich lese aber auch Fremdgeh-Blogs, feministische Kolumnen und Postings, die irgendetwas mit Psychologie zu tun haben. Und ständig taucht irgendjemand auf, der mir beibringen will, wie ich das große Geld mache.

Männer dominieren mit Geld, Frauen mit Sex. Das hat zwei einfache Gründe: Männer haben mehr Geld zur Verfügung, und Frauen wollen mehr Geld. Frauen haben mehr sexuelle Reize im Angebot, und Männer lieben diese. Jeder will etwas, das der andere hat, und damit macht sich jeder vom anderen abhängig. Die Grundidee von Partnerschaft, sich gegenseitig zu ergänzen und die anstehenden Aufgaben untereinander aufzuteilen, steht auf sehr wackeligen Füßen, denn Menschen sind immer zuerst auf ihren eigenen Vorteil bedacht. Irgendwann fängt der Mann an, mit Geld zu dominieren, es zu verknappen und der Frau Vorwürfe zu machen, weil sie nicht genug verdient. Geld kann man wunderbar als Waffe benutzen, und Männer machen viele krumme Dinger mit Geld. Sie eröffnen beispielsweise heimlich eigene Konten oder verraten der Frau erst gar nicht, wie viel sie verdienen. Sie machen krude Geschäfte, von der die Frau nichts weiß, oder verleihen Geld an Freunde. Männer sind sehr oft nicht integer mit Geld, ich habe es immer wieder erlebt, dass Männer ihre Rechnungen zu spät oder gar nicht bezahlen und zur Begründung die krudesten Ausreden nennen. Das männliche Dealen mit Geld kann man im großen Stil bei Unternehmen und Politikern beobachten, siehe beispielsweise deutsche Bank und Josef Ackermann.[26]

Sex kann genauso als Waffe benutzt werden und wird es auch. Männlicher Sexismus ist das Eine, doch was machen Frauen mit Sex? Sie dominieren häufig damit, dass sie ihn dem Mann entziehen, ihn quasi nicht zum Zuge kommen lassen. Die Frau fängt an, ihre sexuellen Reize zu verknappen, hat immer öfter keine Lust, ist müde oder tauscht ihre sexy Dessous Stück für Stück gegen Baumwoll-Unterwäsche. Sie lässt sich gehen. Die Dessous zieht sie allerdings bei ihren Liebhabern wieder an oder wenn sie – ohne den Mann – in den Swingerclub geht.

»Überall im Leben geht es um Sex. Außer beim Sex. Da geht es um Macht.« Dieses Zitat des irischen Schriftstellers Oscar Wilde bringt es auf den Punkt. Sexualität, die wir als Kinder so wunderbar spielerisch für uns entdeckt haben, nutzen Erwachsene, um Macht auszuüben. Sie tun das auf zwei Arten: aktiv, im Sinne von sexueller Gewalt und sexuellen Übergriffen. Und passiv, indem sie ihrem Partner den Sex vorenthalten.

Man kann mit allem dominieren, was man selbst hat und was jemand anders braucht. Wer irgendetwas von seinem Partner braucht, hat daher grundsätzlich schlechte Karten. Solange Menschen nicht glücklich sind, werden sie unbewusst immer versuchen, anderen auch ihr Glück zu vermiesen. Dieses Phänomen kann erklärt werden mit der Krabbenkorb-Metapher. Fischer, die Krabben fangen, sammeln diese in einem offenen Korb. Es ist nicht nötig, einen Deckel auf diesen Korb zu tun, denn falls eine Krabbe aus dem Korb entkommen will, werden die anderen sie wieder runterziehen. Diese Metapher wird beispielsweise gerne in der Diskussion über Aufstiegschancen von Frauen verwendet, aber auch in vielen anderen Bereichen, wo Menschen sagen, dass sie nicht weiterkommen, weil sie von anderen behindert werden, die es ihnen nicht gönnen. Genau aus diesem Grund ist es ja so schwierig, glücklich und erfolgreich zu werden, wenn man auch nur einen einzigen Miesepeter in seiner Nähe hat. Besonders gilt das für den eigenen Partner. Der wird als Erster dafür sorgen, dass wir nicht bekommen, was wir wollen, solange er es selbst nicht hat.

Die Kinderwunsch-Keule

Kinder sind eine sehr wirkungsvolle Waffe im Geschlechterkampf. Das fängt schon an, bevor sie überhaupt da sind.

Ich kenne viele Frauen zwischen dreißig und vierzig, die über Jahre von Kinderwunsch sprechen, aber nie eine ernsthafte Unternehmung starten, um schwanger zu werden. Gleichzeitig fragen sie immer wieder den Mann, ob er denn wirklich Kinder will, und schieben damit ihm die Verantwortung zu. Damit kann man einen Mann mürbe kriegen. Andere beißen sich an dem Wunsch fest, nehmen über Jahre Hormone, haben nur noch Sex nach Plan und verkrampfen sich so lange in ihrem Kontrollwahn, bis der Mann keinen mehr hochkriegt und sich das Thema dann aus diesem Grund erledigt hat.

Kürzlich traf ich eine Frau, Ende dreißig, verheiratet. Sie will ein Kind, sie und ihr Partner haben eine tolle Beziehung, sagt sie, und sie seien sich bezüglich ihrer familiären Zukunft einig, beteuert sie. Nur das mit dem Kind will irgendwie nicht klappen. Ich frage sie: »Wo ist denn das Problem?« Sie: »Wir haben seit drei Jahren keinen Sex.« Ich daraufhin: »Das ist schlecht, wenn man ein Kind will. Dann macht doch einfach Sex. Einmal im Monat könnte schon reichen, wenn es der richtige Zeitpunkt ist.« Und dann kommt von ihr so ein typischer Frauenspruch: *»Es ist schwierig.«*

Andere Frauen würden an dieser Stelle wissend nicken und ihr zustimmen. Vieles ist schwierig im Leben einer Frau. Ich weiß allerdings nicht, was daran so schwierig sein soll, mit dem eigenen Ehemann einmal im Monat Sex zu haben, noch dazu, wenn man angeblich eine tolle Beziehung hat. Ich frage: »Warum habt ihr denn keinen Sex?« Sie meint, das liege an ihm, und es sei eben »schwierig«. Aber immerhin hat sie beschlossen, ihn zu einer Therapie zu schicken. Das verstehe ich nun gar nicht: Wieso soll er eine Therapie machen? Wenn, dann müssten sie die Therapie doch zusammen machen und schauen, wo es denn nun hängt und was ihrer beider Problem mit dem Sex ist. Und ob sie wirklich ein Kind wollen. Im Zweifelsfalle könnten sie ja auch eins adoptieren. Doch dieses Thema steht über Jahre zwischen ihnen und wird nicht wirklich an der Wurzel angepackt.

Liebe Frauen, was soll das? Wollt ihr nun ein Kind oder nicht? Und wenn ja, warum schiebt ihr die Verantwortung auf jemand anders? Wir Frauen sind es offensichtlich nicht gewohnt, mit unseren Wünschen in Führung zu gehen, und wollen immer die hundertprozentige Zustimmung von allen anderen Beteiligten. Doch die kann es bei einem so komplexen Thema nicht geben. Es gibt Männer, die ein klares »Ja« zu Kindern haben, doch die bekommen diese dann meistens schon früh, weil sie sich in den 20ern die passende Partnerin suchen und loslegen. Die sind dann nicht mehr auf dem Markt oder schon geschieden. Die, die übrig bleiben, haben ein Fragezeichen oder ein klares »Nein«. Einen »Nein-zu-Kindern-Mann« zu überrumpeln und ihm ein Kind unterzuschieben, ist ein ziemliches Risiko, wobei es Frauen gibt, die es dennoch tun, und bei manchen Paaren funktioniert das sogar. Die Interessantesten sind die mit dem Fragezeichen. Ich kenne zig Männer, die eher keine Kinder wollten oder sich nicht sicher waren und rückblickend sagen, es war das Beste, was ihnen im Leben passiert ist, dass sie nun doch welche haben. Die sind nur in diesen Genuss gekommen, weil sie eine Frau hatten, die genau wusste, was sie wollte, und alles Notwendige dafür getan hat. Frauen, die die Entscheidung und damit die Verantwortung dem Mann aufbürden, sind gemein. Denn damit haben sie eine Waffe in der

Hand, mit der sie ihn bis zum Rest des Lebens erpressen können: »Ich habe meine Chance verpasst! Wegen dir!!!«

Die andere Seite: Die Männer sind in diesem Fall nicht nur die Opfer, sondern tragen auf ihre Weise zum Kinderwunschdilemma bei. Selbst wenn sie nicht sicher sind, werden sie im Zweifelsfalle lieber verhindern, dass ein Kind gezeugt wird. Für sie ist es deutlich bequemer, wenn sie mit ihrer Partnerin alleine bleiben. Dazu kommt: Es sind männliche Systeme, wie die großen Unternehmen, in denen junge Frauen so verheizt werden, dass sie ihren Kinderwunsch in ihren besten Jahren gar nicht mehr spüren. Anspruchsvolle Jobs, stressige Projekte, Überstunden, tägliches Ausgenutzt-Werden, weil sie nicht Nein sagen können; bei vielen angestellten Frauen regt sich erst wieder was, wenn es wirklich kurz vor zwölf ist und die Frau mit Anfang vierzig die große Lebenskrise bekommt.

Gibt´s eigentlich auch Helikopter-Väter?

Mütter haben schon immer versucht, alles richtig zu machen. Im Zeitalter von Google und Latte Macchiato nimmt der Mütter-Perfektionismus ungeahnte Auswüchse an.

»Die besten Eltern machen zwanzig Fehler am Tag.« Diesen Satz prägte der legendäre, mittlerweile leider verstorbene Familientherapeut Jesper Juul, der sich sein Leben lang mit der Erziehung von Kindern und deren Eltern beschäftigte und von sich selbst in seinem unschlagbaren Humor behauptete, in seiner Kindheit sei so gut wie alles schiefgelaufen. Er ist allerdings einer der wenigen, die dieses Thema so locker angehen. Vielleicht weil er ein Mann war. Mütter nehmen die Kindererziehung ernster als je zuvor. Sicherlich war es schon immer eine Herausforderung, kleine Menschen groß zu kriegen. Doch früher sind die Kinder in den Großfamilien einfach »mitgelaufen«. Sie mussten bereits in jungen Jahren mithelfen und arbeiten und hatten viele verschiedene Bezugspersonen. Niemand hat je so ein Bohei um sie gemacht wie heutige Mütter.

Um die Frage in der Überschrift zu beantworten: Ja, es gibt auch männliche Versionen von Helikopter-Müttern. Doch die sind eher selten. Das Überbehüten von Kindern ist ein weibliches Thema. Und es hat nicht damit zu tun, dass Mütter ihre Kinder mehr lieben als Väter, sondern dass Mütter sich anmaßen, dass nur sie ihrem Kind das geben können, was es braucht. Zur Verteidigung der Mütter kann ich lediglich einen Punkt nennen: Wir werden vollumfänglich von den Medien manipuliert, die uns diese kinder- und mütterunfreundliche Einstellung bestätigen: Ohne uns geht gar nichts! Es geht los in dem Moment, in dem du erfährst, dass du schwanger bist, und dich naiv im Netz erkundigst, was in Zukunft auf dich zukommt und worauf du achten solltest. Du wirst überhäuft mit Ratschlägen und Erfahrungsberichten zu Dingen, die du gar nicht wissen wolltest, die dir aber klarmachen, dass du jetzt bereits alles falsch gemacht hast. Das geht so weiter, Schwangerschaftswoche für Schwangerschaftswoche. Noch bevor der Zwerg da ist, schwirrt dir der Kopf von der perfekten Entbindungsmethode über die besten Stilltechniken, den Gebrauch von ökokompatiblen Stoffwindeln – oder alternativ: windelfrei (!) (ein neuer bzw. alter Trend: Wenn ein Baby »muss«, sendet es bestimmte Signale, und wer es schafft, diese zu erkennen, kann es über der Toilette »abhalten«, sodass Pipi und Kacka direkt am richtigen Ort landen. Das ist sehr umweltfreundlich, braucht allerdings extrem viel Zeit und Aufmerksamkeit vonseiten der Mutter). Zu jedem erdenklichen Thema wirst du mit Informationen erschlagen: Einschlaftraining, Zeichensprache für Babys, artgerechtes Füttern, Kautschuk-Schnuller bis hin zu veganen Kindertagesstätten. Dabei geht es gar nicht so sehr darum, viele Möglichkeiten zu haben, es geht darum, alles *richtig* zu machen. Egal wie kindgerecht und ökologisch du dein Kind aufziehst, es wird immer eine Mutter geben, die dir ein schlechtes Gewissen bereitet, weil sie es ein bisschen besser hinkriegt als du. Und natürlich ernährt diese Mutter sich selbst auch viel gesünder, als du es jemals hinkriegst. Sie kocht alles frisch, nicht nur für das Baby, auch für sich selbst, sie geht im Bioladen und auf dem Markt einkaufen, und während du dir mit müden Augen einen Kaffee reinziehst, gießt sie sich einen Kräutertee aus einer riesengroßen Thermoskanne ein. Sie stillt natürlich voll, während du dich längst entschieden hast, dass ein Mann, der auch mitfüttert, die Sache deutlich entspannt. Trotzdem ist es da: das schlechte Gewissen. Und das ist allgegenwärtig.

Moral ist ein wunderbares Mittel, um Menschen zu verunsichern und klein zu halten. Moral ist eine gefährliche Waffe, denn sie tarnt sich mit einem strengen Kostüm von Wichtigkeit. Moral, das sind die geheimen Gesetze von richtig und falsch, von erlaubt und verboten. Ich habe mich in meinem Leben intensiv mit den drei Bereichen beschäftigt, in denen die Moral neben der Religion am dicksten aufträgt: Ernährung, Sex und Kindererziehung.

Manche Mütter sind so moralisch, dass man sofort ein schlechtes Gewissen bekommt, wenn man sich nur in ihrer Nähe aufhält. Das ist wie mit den moralischen Ernährungsberatern. Sobald einer von denen mit am Tisch sitzt, traut sich keiner mehr, beim Mousse au Chocolat zuzugreifen oder ein zweites Glas Wein zu trinken. Den Grad an Moralität der anderen kann man am eigenen schlechten Gewissen messen. Mütter sind moralisch, weil ihre Herzen nicht wirklich offen sind. Sie urteilen in *richtig und falsch*, in *gut und schlecht* und zerreißen sich beim Latte Macchiato das Maul über andere Mütter und deren Brut. Sie schauen auf ihre Männer herab, weil die sich beim Windelwechseln so unbeholfen anstellen und die Milchfläschchen immer ein paar Grad zu warm machen. Und sie sind davon überzeugt, ihr Kind braucht vor allem eines: sie.

Damit machen sie sich über Monate, teilweise über Jahre, unantastbar. Kinder kann man wunderbar vorschieben, um keinen Sex mehr zu haben und nicht mehr arbeiten gehen zu müssen. Mütter benutzen Kinder als Waffen und beste Ausrede, die frau haben kann. Das Muttersein bringt große Märtyrerinnen hervor. Das geht beim Thema Stillen los: Natürlicherweise ist Muttermilch eine gute Sache fürs Kind, doch wir haben heutzutage das Glück, dass es auch Alternativen gibt. Die Märtyrerin aber stillt in jedem Fall voll, nimmt alles in Kauf, um das so lange wie möglich durchzuziehen, von der Brustentzündung über monatelanges Alle-zwei-Stunden-geweckt-Werden bis hin zu Rückenschmerzen, um nur ja eine gute Mutter zu sein. Sie geht auf dem Zahnfleisch, aber mit letzter Kraft schenkt sie ihrem Kind das Wertvollste, was sie zu bieten hat: ihre Milch. Dass ihr Kind dauernd schreit und nur mit der Brust zu beruhigen ist, bringt die Mutter aber nicht damit in Zusammenhang, dass sie selbst ständig gestresst ist. Es soll sogar Mütter geben, die, wenn sie ein zweites Kind bekommen, beide stillen, erst das kleinere und dann noch mal das große hinterher, auch wenn es schon in den Kindergarten geht und »Mama, lass mir einen Schluck übrig« sagen kann. Es wird uns so verkauft, als ob es ganz natürlich wäre und das Beste, was den Kindern passieren kann. Klar ist Muttermilch das Natürlichste, aber Kinder von Frauen, die aus welchem Grund auch immer nicht stillen können oder wollen, werden auch groß. So gesehen dürfte auch niemand mehr Kuhmilch trinken, denn die ist ja für *Kälbchen* gedacht. Davon abgesehen frage ich mich, ob es für den Vater der Kinder auch das Beste ist, wenn die Frau über Jahre ihre Brüste als Milchtankstelle ihren Kindern zur Verfügung stellt.

Das nächste Thema, das weiter oben schon ausführlich besprochen wurde und sich mit Kindern im Haus potenziert: Sauberkeit und dieser Druck, den Frauen einander machen, dass immer alles blitzblank sein muss. Kinder machen verdammt viel Dreck. Bei einer Bekannten mit Zwillingen läuft jeden Tag viermal (!) die Waschmaschine. Ich gebe zu, ich hätte auch nicht gedacht, dass ich mal auf fünf bis sechs Ladungen Wäsche pro Woche komme, als ich noch kinderlos war, aber man kann auch alles übertreiben. Vor allem ist auch das saubere Kind wieder etwas, das gerne als Waffe gegen den Mann eingesetzt wird. Die Frau ist so fertig vom vielen Wäschewaschen, -bügeln und -falten, dass sie keine Lust mehr auf jegliche Aktivität mit ihrem Mann hat. Dabei ist es wirklich überhaupt nicht notwendig, dass immer alles sauber ist. Wer sagt, dass ein Kinder-T-Shirt beim ersten Klecks gewaschen werden muss? Eine Freundin erzählt mir dazu von einem typischen Tag aus ihrem Familienleben als Selbstständige mit Kleinkind in der Ferienzeit: Der Mann hat sich den ganzen Tag um das Kind gekümmert, um ihr den Rücken freizuhalten, damit sie in Ruhe arbeiten kann. Sie kommt um 19:30 Uhr nach Hause, die Küche unaufgeräumt, im Wohnzimmer herrscht Chaos, das Kind liegt mit dreckigen Klamotten im Bett und schläft selig. Der Mann liegt auf der Couch und trinkt ein Bier. Wie könnte sie nun reagieren? Sie könnte ihm um den Hals fallen vor Dankbarkeit, dass sie einen ganzen Tag zum Arbeiten hatte und dass das Kind jetzt schon schläft und sie einen freien Abend hat. Sie könnte ihn ins Schlafzimmer zerren und wilden Sex haben und danach mit ihm besprechen, wer putzt. Doch was macht sie: Sie beschwert sich, dass nicht aufgeräumt und staubgesaugt ist und dass das Kind keinen (sauberen) Schlafanzug anhat. Er hat mal wieder das Gefühl, dass er alles falsch gemacht hat. Auf Intimität haben dann garantiert beide keine Lust mehr. Die Rolle der guten Mutter und Hausfrau hat uns fest im Griff.

Männer und Frauen in Krankheiten und Todesfällen

Männer sind anders krank und sterben anders als Frauen. Und sie werden von Ärzten anders ernst genommen.

»Frauen und Männer beschreiben ihre Schmerzen anders. Frauen sagen, in welchem Zusammenhang sie sich beeinträchtigt fühlen, und weniger genau, welche Symptome sie spüren. Männer geben in der gleichen Situation Auskünfte, die auch im Fehlerspeicher einer Maschine anfallen könnten.« Diese Aussage finde ich im Buch »Gesundheit, eine Frage des Geschlechts«, das zwei Medizinerinnen veröffentlich haben.[27] Sie kommen zu sehr interessanten Ergebnissen, denn es gibt de facto eine Menge Unterschiede darin, wie der typische Mann und die typische Frau krank werden und sterben. Zusammenfassend könnte man sagen, Frauen sind häufiger und länger krank, insgesamt aber zäher als Männer; sie leben je nach Geburtsjahr und Statistik durchschnittliche vier bis sieben Jahre länger. Männer sind waghalsiger und kümmern sich weniger um ihre Gesundheit, deshalb sterben sie früher und schneller.

Männer scheinen rein konstitutionell schlechter aufgestellt zu sein als Frauen, das fängt bereits damit an, dass mehr männliche Föten bereits im Mutterleib sterben als weibliche. Die Menschheit insgesamt besteht zu gleichen Teilen aus Männern und Frauen. Die Zeugungsraten zeigen aber ein Verhältnis 120 männliche zu 100 weibliche Embryos. Bei der Geburt ist das Verhältnis noch 105 zu 100. Es werden also mehr Jungs als Mädchen gezeugt und geboren. Doch auch die frisch geborenen Baby-Jungs sind anfälliger und sterben öfter als die Baby-Mädchen. Es ist fast so, als würde die Natur mehr männliche Wesen erzeugen, weil eh schon klar ist, dass viele davon gar nicht ins zeugungsfähige Alter kommen. Irgendwann ist das Verhältnis dann angeglichen, und es selektiert sich später wieder durch die Unterschiede, wie Männer und Frauen krank werden und sterben. Männer ruinieren ihre Gesundheit vor allem durch ihr typisch männliches Verhalten: wenig Schlaf brauchen, viel Stress im Job ertragen, niemanden um Hilfe bitten und kein Interesse an Vorsorgeuntersuchungen zeigen, Gefühle unterdrücken und nicht auf den eigenen Körper achten. An Hautkrebs sterben zum Beispiel deutlich mehr Männer als Frauen, obwohl diese Krebsart bei Frauen wesentlich häufiger vorkommt. Und natürlich spielen bei Männern solche Dinge wie Kampf-Saufen, exzessiv Drogen nehmen und Rennen auf Schnellstraßen fahren eine höhere Rolle als bei Frauen. Männer sterben deutlich häufiger bei Unfällen und Alkohol- und Drogenexzessen als Frauen. Natürlich, Frauen zwitschern sich auch gerne einen Hugo oder Spritz, ich habe aber bisher erst eine einzige Frauenrunde erlebt, in der diejenige gewinnt, die alle anderen Mädels unter den Tisch säuft (seid froh, dass ihr da nicht dabei wart). Für Männer scheint es eine Art Wert zu sein, viel Alkohol vertragen zu können, und diesen stellen sie regelmäßig unter Beweis. Auch diese Aura von Gesund-ist-uncool-ich-esse-keinen-Salat-ich-bin-doch-kein-Kaninchen schwingt bei vielen Männern mit, übrigens vor allem bei den Übergewichtigen. Ich habe vor einigen Jahren eine Vortragsreihe für eine Krankenkasse gehalten, in der es um die Gesundheit von Männern in Handwerksberufen ging. Das ist ein echt herausforderndes Feld, denn gerade für die »harten Kerle« auf Baustellen scheint es ein echter Affront zu sein, wenn ich ihnen empfehle, zusätzlich zu den zwei Leberkäsesemmeln mit Cola noch einen Apfel zu essen.

Krankheiten, von denen Frauen deutlich häufiger betroffen sind als Männer, sind neben den geschlechtsspezifischen Erkrankungen wie Brustkrebs vor allem Depressionen, Schlafstörungen, Kopfschmerzen, Phobien, Medikamentenabhängigkeit, selbstverletzendes Verhalten sowie Essstörungen. Alles, was mit der Psyche zu tun hat. Was bei Frauen auch häufiger diagnostiziert wird, sind Selbstmordversuche. Männer sind, was das betrifft, offenbar »erfolgreicher«, denn die Rate der (vollzogenen) Selbstmorde ist bei Männern höher, genau wie Psychosen, Alkoholismus, Drogenkonsum und Gewalt. Fairerweise muss man allerdings sagen, dass diese Dinge noch nicht bis ans Ende erforscht sind und es durchaus Stimmen gibt, die sagen, man müsste erst mal die Diagnosekriterien verbessern. Fakt ist nämlich auch, dass Männer und Frauen unterschiedlich von Ärzten wahrgenommen und diagnostiziert werden. Die gleichen Symptome für einen Herzinfarkt beispielsweise werden, wenn ein Mann sie schildert, anders ernst genommen, als wenn eine Frau damit zu einer Notaufnahme geht. Und es spielt offenbar eine sehr große Rolle, *wie* die Frau ihre Symptome schildert. Es gibt eine interessante Geschichte eines Internisten aus Oklahoma, der wissen wollte, wie Mediziner zu ihrer Diagnoseentscheidung kommen, wenn eine Frau mit Symptomen für Herzinfarkt um Hilfe bittet. Er ließ eine Schauspielerin in einem Video diese Symptome einmal gefühlsneutral und nüchtern vortragen und einmal theatralisch und spielte dieses Video Internisten vor. Ihre Diagnose war eindeutig: Die Hälfte der Ärzte tippte bei der neutral vorgetragenen Symptomatik auf eine Herzkrankheit, aber nur 13% bei der theatralischen. 93% ordneten bei der gefühlsneutralen Version eine weiterführende Diagnostik an, aber nur 53% bei der theatralischen.

Nehmen Ärzte weibliche Krankheitssymptome nicht ernst? Gehen Frauen deshalb deutlich häufiger zu Ärzten, weil sie erst mal jemand finden müssen, der sie ernst nimmt?

Oder passiert so etwas, weil sie eben nicht in der Lange sind, ihre Symptome so zu schildern, dass in Systemen denkende Männer sie verstehen?

Aneinander vorbeibumsen im Zeitalter von Tinder

Es war noch nie so einfach, ein Date zu haben. Und noch nie so schwer, einen Partner zu finden.

»Wir haben uns auf Tinder kennengelernt«, erzählt mir neulich eine Bekannte über den Beginn ihrer Beziehung. »Es war Liebe auf den ersten Blick.« Klingt sehr romantisch, und ich werde fast ein wenig neidisch. Sie will bald heiraten, es gibt sogar schon einen Termin beim Standesamt. Zwei Monate später zieht sie bei ihm wieder aus, der Termin wird abgesagt. Die Gesamtkonstellation mit Patchwork-Familien habe nicht gepasst, und so groß sei die Liebe dann auch nicht mehr. Die Kurzzusammenfassung einer typischen Beziehung des 21. Jahrhunderts, die mit großen Gefühlen beginnt und kurze Zeit später in großem Drama endet.

Ist die Zeit der lebenslangen Partnerschaften vorbei? Genau wie die des lebenslangen Jobs im gleichen Unternehmen? Die meisten Paare meiner Generation leben mindestens in der zweiten Ehe oder längeren Beziehung, während in der Generation meiner Eltern so gut wie alle Paare, die ich aus meiner Kindheit kenne, noch zusammen sind und nach vierzig Jahren im gleichen Job in Rente gegangen sind. Irgendwo habe ich mal gelesen, dass junge Leute heute in ihrem Leben durchschnittlich fünf verschiedene Jobs haben werden, bevor sie in Rente gehen. Was Beziehungen betrifft, schätze ich, es werden mindestens genauso viele. Eigentlich ist es doch schön, viele Jobs und viele Beziehungen haben zu können, wir machen damit viele unterschiedliche Erfahrungen, lernen viel, und es wird nicht langweilig. Es könnte schön sein, wenn es nicht so schwierig wäre, sich überhaupt für einen Job oder einen Partner zu entscheiden und wir dadurch einen Großteil unserer Lebenszeit in einer Warteschleife verbringen. Ihr Anruf wird gehalten, bitte legen Sie nicht auf. Wir verschwenden unsere besten Jahre, warten auf den Sankt-Nimmerleins-Tag und sind geparkt, weil wir uns nicht festlegen wollen und die ganze Zeit denken, es könnte noch »was Besseres um die Ecke kommen«. Beziehungen werden angetestet, manchmal mehrere parallel, was dazu führt, dass viele Leute die simple Frage: »Hast du einen Freund?«, weder mit Ja noch mit Nein beantworten können. Sie wissen es nicht genau. Keine von ihren Beziehungen wird je richtig gut, *weil* sie sich nicht richtig darauf einlassen.

Der größte Beziehungskiller sind übrigens Online-Shops. Wir haben uns daran gewöhnt, dass wir im Internet alles bestellen und bei Nichtgefallen zurückgeben können, egal ob Bücher, Schuhe oder Lebensmittel. Da Online-Dating-Plattformen sehr ähnlich wie Online-Shops aufgebaut sind, kann unser Gehirn gar nicht anders, als zu denken, Partner könnten auch online eingekauft und erst mal in Ruhe begutachtet werden.

Doch auch die Digitalisierung von Sexualität hat weitreichenden Einfluss auf unsere Beziehungsqualität. Wissenschaftler bezeichnen Cyber-Sex-Formen wie Sex-Chats und Sexting gar als eine neue Form der Sexualität. Über den Umweg eines elektronischen Geräts erleben Menschen eine bizarre Form von Erregung. Sie wird von jemand anders getriggert, der irgendwo am anderen Ende der Welt sitzen kann, und an sich selbst entladen, indem man sich dabei einen runterholt. Fantasie spielt dabei eine größere Rolle als tatsächliches körperliches Erleben, vor allem wenn man mit jemandem chattet, den man gar nicht sieht. Es könnte sein, dass hinter der sexy Martina am anderen Ende der Leitung ein sehr unsexy Martin steckt und sich köstlich über dich amüsiert, während du anfängst zu stöhnen. Hier geht es nicht mehr um die Begegnung zweier Menschen, die sich körperlich neugierig erforschen, aufeinander reagieren und sich gegenseitig Lust bereiten, hier geht es um den zielgerichteten Austausch von Fantasien, also am Ende nur das, was im eigenen Kopf stattfindet. Das hat Vorteile: Anonym trauen sich Menschen viel eher, ihre verborgenen Fantasien preiszugeben, und unter Umständen nehmen sie diese später dann mit ins echte Leben, wenn sie sie einmal virtuell ausgelebt haben. Auch spart man sich das »Drumherum«, zum Beispiel vorher jemanden zum Essen einladen müssen. Doch es kann mir keiner erzählen, dass diese Art von Sex nicht auch Probleme erzeugt, denn sie schneidet uns von unserer natürlichen Neugier ab. Wenn wir uns immer mehr in unsere Fantasien hineinsteigern, wie wollen wir noch mit einem echten Menschen klarkommen? Vor allem, wenn wir uns in unsere Online-Chats verlieben? Jeder, der schon mal mit einem Online-Date im Bett war, kennt sie: die schockierende Erfahrung, dass jemand live völlig anders ist, als man ihn oder sie sich vorgestellt hat. Im geschriebenen Wort klingt alles sehr sexy, du tauschst womöglich noch sexy Fotos aus und denkst, du hast Don Juan persönlich kennengelernt, und im Bett macht der Typ dann auf einmal komische Geräusche. Die Illusion von Intimität, die das Internet erzeugt, ist krass. Denn vorher dachtest du, du *kennst* diesen Menschen.

Fummeln im Kopfkino

Was ist besser: schlechten Sex über sich ergehen lassen und ins Kopfkino flüchten oder für guten Sex im realen Leben sorgen?

Wo bist du, wenn du Sex hast? Ich meine jetzt nicht, ob im Schlafzimmer oder in der Küche, sondern wo sind deine Gedanken? Sind sie bei dem Menschen, der gerade in dir steckt (beziehungsweise in dem du gerade steckst) oder in deinem Kopfkino mit jemand anders? Klar kann man das machen mit dem Kopfkino, manchmal ist das praktisch, zum Beispiel, wenn es schnell gehen soll ober man keine Lust hat, sich besonders anzustrengen. Doch auf Dauer ist es fürchterlich langweilig, weil im Kopfkino meistens der gleiche Film läuft. Hallo, hier wäre ein realer Mensch, mit dem du richtig geile Schweinereien unternehmen könntest, auf die du selbst gar nicht kommst. Aber nein, lieber spulen wir das bekannte Programm ab. Und das tun im Zweifelsfall beide, derjenige, der Sex über sich ergehen lässt, und derjenige, der sich am anderen abarbeitet. Der Vorteil vom Kopfkino ist: Wenn man sich von seiner Fantasie anregen lässt, ist es mehr oder weniger egal, was der andere macht. Dann macht man einfach mit, es darf nur nicht zu sehr ablenken. Nur: Wenn beide in ihrem Kopfkino sind, ist keiner mehr da. Wo ist die Verbindung? Wo ist das gemeinsame Lachen, der Spaß, die Überraschung? Kein Wunder, dass alle sagen, dass der Sex im Laufe der Zeit fad wird. Das liegt nicht am Sex, sondern am Kopf!

Doch für eine Sache ist das Kopfkino wunderbar geeignet: der eigenen Libido auf die Spur zu kommen. Ich habe in einem Seminar bei einer Sexualtherapeutin mal eine interessante Übung gemacht: Die Teilnehmer sollten sich gegenseitig ihre Masturbationsfantasien erzählen. Das war … ähm … gar nicht so einfach. Wir sollten genau beschreiben, was wir uns vorstellen, während wir es uns selbst machen, welche Bilder wir dann sehen. Vor allem: Was ist es genau, was den Orgasmus auslöst? Welches Bild, welche Situation, was genau passiert in diesem Moment? Ich habe mich für diese Übung mit einem anderen Teilnehmer nach draußen verzogen, und wir sind spazieren gegangen. Ich habe ihm den Vortritt gelassen und erleichtert festgestellt, dass seine Fantasien in eine ähnliche Richtung gingen wie meine. Es ist überhaupt nicht einfach, für so etwas überhaupt Worte zu finden, geschweige denn, es jemandem zu erzählen. Aber es hat etwas sehr Erleichterndes, wenn man es tut. Hinterher in der Nachbesprechung haben sich einige sogar getraut, ihre Fantasien in der Gruppe zu erzählen. Die Therapeutin hat uns erklärt, dass sie diese Übung manchmal mit ihren Klienten macht, zum Beispiel, wenn sie mit Paaren arbeitet, vor allem aber auch mit Menschen, die Probleme mit ihrer Sexualität haben oder sich dafür schämen. Wenn Dinge einmal offen angesprochen sind, kann man damit arbeiten und Menschen unterstützen, ihre Fantasien spielerisch in die Realität umzusetzen. Oder sie loszuwerden bzw. in den Griff zu kriegen, sofern sie den Kopf besser nicht verlassen sollten.

Übrigens gibt es auch bei den Sexfantasien Unterschiede zwischen Männern und Frauen. In einer britischen Studie wurden 19.000 Männer und Frauen nach ihren Fantasien beim Sex befragt, und dabei kam heraus, dass etwa ein Viertel aller Frauen an Szenarien von Macht und Unterwerfung denken. Weitere Lieblingsgedanken von Frauen beziehen sich auf Dreier oder Vierer sowie darauf, beim Sex beobachtet zu werden. Eine weitere Fantasie, derer sich sehr viele Frauen bedienen, ist der Sex mit einem Fremden. Männer hingegen – wenn sie heterosexuell sind – stellen sich Sex mit mehreren Frauen vor, und sie stehen vor allem darauf, wenn Frauen »Ja« zu ihm sagen, ihn begehren und sich ihm voll und ganz hingeben. Die meisten Männer wünschen sich in ihren Fantasien bedingungsloses Willkommen-Sein.

Männer: Erfüllungsgehilfen für die weibliche Sexualität

In Pornos sind Frauen die Erfüllungsgehilfen für männlichen Sex. In Beziehungen ist es umgekehrt.

Es fängt damit an, dass der Mann der Frau die Füße massieren soll. Und hört damit auf, dass er unbedingt will, dass die Frau glücklich in seinen Armen liegt. Die Realität ist eine andere, als uns in Pornos vorgespielt wird, wo die Frauen als Sexobjekte für männliche Wünsche dargestellt werden. Wir haben falsche Bilder im Kopf, wie spiegelverkehrt oder auf den Kopf gedreht. Die Wahrheit ist genau das Gegenteil von dem, was wir denken. Auch beim Sex. Das Bild ist: Männer sind sexgierige Böcke, die nur ihre eigene Befriedigung im Fokus haben und Frauen als Mittel zum Zweck, als Objekte, benutzen. Dieses Bild wird uns überall präsentiert, in Pornos, in der Prostitution, in den Diskussionen um sexualisierte Gewalt und sexuelle Übergriffe. Dieses Bild vermittelt uns: Männer üben sexuelle Macht über die Frauen aus. Männern wird die aktive, gewalttätige Seite zugesprochen, den Frauen die der Erfüllungsgehilfen. Frauen sind Darsteller in den Filmen der männlichen Sexfantasien.

Wenn man Männer mal direkt fragt, ist der Eindruck ein ganz anderer: Viele Männer fühlen sich überhaupt nicht als Helden im Bett. In Wahrheit fühlen sie sich noch nicht mal als sexuelle Wesen. Viele von ihnen wissen gar nicht genau, was sie selbst wollen, geschweige denn, was Frauen wollen, weil sie bereits in ihrer Jugend in diese gesellschaftlichen Bilder hineingepresst werden. Was sie selbst wünschen und begehren, diese Frage stellen sie sich lange überhaupt nicht. Es ist doch klar, oder? Schon mit den ersten sexuellen Begegnungen erleben Männer eine tiefe Verunsicherung, weil sie einen riesigen Erwartungsdruck mit sich herumschleppen. Sie wollen ihre Frauen befriedigen und »es ihnen besorgen«, aber sie wissen nicht, was denn dieses geheimnisvolle »es« ist. Und häufig sagen es ihnen die Frauen nicht, weil Frauen nicht lernen, über ihre sexuellen Wünsche zu sprechen. Für Männer ist das ein Dilemma. Aus ihrer Sicht geht es häufig zuerst um die Frau. Sie erleben sich selbst als Erfüllungsgehilfen und wollen nichts mehr, als diesem Auftrag gerecht zu werden. Warum haben Männer wohl so riesengroße Ängste, was die Größe ihrer Penisse betrifft? Was ich als Frau überhaupt nicht nachvollziehen kann. Weil sie von Kind an lernen, dass in ihrem Leben vor allem Leistung zählt. Und in diese Kerbe schlagen Frauen, um Macht gegenüber ihren Männern auszuüben. Sie versagen ihrem Mann genau dieses Erfolgserlebnis oder machen es ihm schwer. Sie vermitteln dem Mann – verbal oder nonverbal –, dass sie keinen Sex wollen oder dass sie keinen Sex *mit ihm* wollen. Sie sind aber auch nicht bereit, ihm beizubringen, wie sie es gerne hätten. Durch Nicht-Wollen kann man genauso dominieren wie durch Zuviel-Wollen. Am Ende lassen Frauen ihre Männer als Schlappschwänze dastehen und wundern sich, dass so viele Männer im Laufe der Jahre impotent werden. Wenn ich manchmal Frauen zuhöre, die darüber reden, wie es bei ihnen so im Bett läuft, wundert mich nichts mehr. Die wahre Sexualität von Männern ist bisher deutlich weniger erforscht als die von Frauen. Denn jahrhundertelang haben alle gedacht, es wäre »eh klar, was Männer wollen«. Das typische Bild des wilden, potenten, penetrierenden Mannes wurde noch nicht hinterfragt.

Die Migräne-Lüge

Es gibt Studien, die beweisen, dass Sex gegen Migräne hilft. Die allgemeine Auffassung ist jedoch eher, dass Migräne gegen Sex hilft.

Angenommen, die Frage nach »Sex: ja oder nein?« wäre ein Verkaufsgespräch. Derjenige, der Sex will, wäre der Verkäufer. Ganz nebenbei, die Frage nach dem Sex *ist* ein Verkaufsgespräch. Einer will etwas und versucht, es dem anderen schmackhaft zu machen. Das ist verkaufen, genau wie bei Bewerbungsgesprächen, Kinobesuchen und Heiratsanträgen. Der »Käufer« wird nur zustimmen, wenn er Lust auf das Angebot hat oder sie vielleicht durch das Gespräch bekommt. Ansonsten ist die Chance groß, dass er sich irgendeine Ausrede überlegt.

Ich beschäftige mich seit vielen Jahren mit dem Thema »Verkaufen« und habe schon sehr früh den Unterschied zwischen einem echten Einwand und einem Vorwand gelernt. Wer etwas verkaufen will, muss diesen Unterschied kennen, sonst hat er keine Chance. Echte Einwände nennen Menschen, wenn sie Lust auf das Angebot haben, aktuell aber nicht in der Lage sind, es anzunehmen. Über einen echten Einwand kann man reden und ihn aus der Welt schaffen oder Plan B entwickeln. Für ernst gemeinte Einwände ist es immer möglich, eine Lösung zu finden, von der beide profitieren. Vorwände hingegen nennen Menschen, wenn sie keine Lust auf das Angebot und keine Eier in der Hose haben, klar »Nein, danke« zu sagen. Ein »Nein« würde eine charakterliche Stärke erfordern, über die die meisten Menschen nicht verfügen. Mit Vorwänden wollen sie dich loswerden und halten dich gleichzeitig hin. Sie finden dich vielleicht nett und witzig und genießen die Unterhaltung mit dir, aber was du willst, interessiert sie kein bisschen. Typische Vorwände sind »Jetzt gerade nicht« und »Ich überlegs mir noch mal«. Damit kann man jemanden über Jahre hinweg in der Hoffnung auf das »Irgendwann« halten und für den eventuellen späteren Gebrauch parken. Manche Menschen befinden sich über Jahre in einer »Haben-wir-nun-eine-Beziehung-oder-nicht-Warteschleife«. Mingles nennt man diese Leute, eine Mischung aus den englischen Worten »mixed« und »Single«, die irgendwie Single sind, aber irgendwie auch verpartnert sind. Sie wissen es oft selbst nicht, weil sich niemand festlegen will. Das kann für jemanden ein adäquater Lebensentwurf sein, für alle, die gerne was Festes wollen, ist es schrecklich.

Zurück zum Sex: Migräne zu haben, *kann* ein echter Einwand sein, muss es aber nicht. Eine Migräneattacke ist eine schlimme Sache, doch die ist ja irgendwann vorbei. Wenn Migräne ein echter Einwand wäre, dann hätte man wieder Sex, sobald die Attacke vorbei ist. Klar gibt es schwierige Phasen im Leben, doch die halten nicht ewig an. Migräne-Attacken dauern in der Regel ein paar Tage. Auch andere Dinge, die gerne vorgeschoben werden, währen nicht für die Ewigkeit. Im Job kriegt man neue entspanntere Projekte, das Haus ist früher oder später fertig, und die Babys werden Kleinkinder und gehen irgendwann in den Kindergarten. Bedenklich wird es, wenn Vorwände über Jahre immer wieder verlängert oder gegen andere Vorwände ausgetauscht werden. Partner-Parken für die Ewigkeit. Irgendwann braucht es dann mal »Butter bei die Fische«: Haben wir noch mal Sex oder nicht? Wenn ja, wann? Wenn nein, wie sieht die Alternative aus? Es gibt Frauen, die stellen ihre Kinder so lange zwischen sich und ihren Mann, bis entweder die Kinder oder er ausziehen. Es gibt Männer, die stellen ihre Jobs so lange zwischen sich und ihre Frau, bis die Frau fünf Liebhaber durch hat und sich entscheidet, dass einer von denen besser ist. Das Leben findet nicht *irgendwann* statt sondern *jetzt*!

Ein anderer Aspekt der ständigen Ausreden: Jede(r) darf sich fragen: warum müssen überhaupt Ausreden gefunden werden? Ist die Sache, um die es geht (also Sex zum Beispiel), so schlimm? Warum macht die angeblich schönste Sache der Welt so vielen Frauen keinen Spaß? Ein Aspekt, an den die wenigsten denken, ist, dass die weibliche Lust massiv durch hormonelle Verhütungsmittel gedimmt werden kann. So dankbar wie wir der »Pille« und allen ihren Nachfolgern sein können, dass wir heutzutage Sex ohne Angst vor dem Kinderkriegen haben können, so bewusst sollten wir darüber sein, dass sie ein Grund für weibliche Lustlosigkeit sein kann, und dafür, dass gerade junge pillenehmende Frauen unter Umständen gar keine Ahnung davon haben, wozu sie sexuell fähig wären.

Nix mehr zu lachen: Krieg der Positionen

Eine Position ist, wo man landet, wenn man der festen Überzeugung ist, Recht zu haben, während alle anderen im Unrecht sind.

Eine Position ist erklärbar anhand von radikalen linken und rechten Politikern bzw. Parteien oder anhand von Paaren. Wenn jemand absolut davon überzeugt ist, recht zu haben und für kein vernünftiges Argument von einem Andersdenkenden zugänglich ist, hat er entweder eine Depression oder eine Position.

Das Bequeme an einer Position ist: Aus diesem Standpunkt heraus kann ich Urteile und Meinungen über alles und jeden versprühen, während ich selbst mich nicht bewegen muss. Ich sitze eingemauert in meinem kleinen Turm und habe nur eine winzige Schießscharte vor mir, von der aus ich meine Argumente herausschieße, und alles, was zurückkommt, prallt einfach ab. Positionen machen uns unbeweglich, starr, festgefahren und am Ende unerreichbar. Und sie machen einsam. Sie sind das Gegenteil von Dialog, neugierig sein und miteinander spielen. Wenn Menschen in Beziehungen Positionen einnehmen, sehen sie den anderen und auch die Realität nicht mehr, sondern nur noch sich selbst und ihre eigene Sicht der Welt. Die Position sagt: »Ich habe recht.« Positionen prägen sowohl die ultralinken als auch die erzkonservativen Parteien, die sich paradoxerweise beide als Opfer unserer liberalen Gesellschaft erleben und der Mehrheit mit höchst moralischen Mitteln diktieren wollen, was erlaubt und was verboten ist. Feministinnen schimpfen auf die bösen patriarchalischen Männer. Männerrechtsbewegungen wehren sich gegen die hysterischen »Kampfemanzen«. Und genderqueere Vereinigungen machen allen ein schlechtes Gewissen, weil sie noch die Wörter »Vater« und »Mutter« benutzen, das sollte besser »Elternteil 1« und »Elternteil 2« heißen.

Mich hat mal ein Coach gefragt: »Willst du recht haben oder reich sein?« Reich sein ist die deutlich besser Alternative, finde ich. Von einem Scheidungsanwalt habe ich die Einschätzung gehört, dass 20 Prozent der Paare, die zu ihm kommen, sich friedlich trennen wollen, die anderen 80 Prozent machen Ärger. Er hat sich dann entschieden, sich auf die 20 Prozent der Friedlichen zu spezialisieren. Zwar verdient er jetzt weniger, aber er hat es eindeutig mit den angenehmeren Klienten zu tun. Zurück zu den Positionen: Singles haben oft klare Positionen in Bezug darauf, wie ihr Traumpartner beschaffen sein soll. Nicht umsonst gibt es den Spruch »Für dich muss man erst jemand backen«. Sie haben aber auch Positionen über sich selbst, die oft wenig damit zu tun haben, wie sie von anderen wahrgenommen werden. Menschen in Beziehungen haben Positionen in Bezug darauf, wie die Beziehung und das gemeinsame Leben gestaltet werden sollen. Positionen entwickeln sich interessanterweise oft bei den Dingen, die eigentlich gar nicht wichtig wären, wie der Öffnungsweise von Zahnpastatuben oder wer die Haare aus dem Abfluss rausmacht. Positionen zeigen sich an den typischen Kleinigkeiten, die uns am anderen wahnsinnig machen. Positionen können aber auch die Form von Identitäten annehmen. Wann immer jemand sagt: »Ich bin …«, und diese Identität von anderen abgrenzt und verteidigt, ist es eine Position. »Ich bin hier der Chef im Haus« ist eine Identität genau wie »Ich bin ein Opfer«. Identitäten bringen ein bestimmtes Rollenbild und Verhalten hervor, das auf Außenstehende manchmal seltsam wirkt.

Man kann sich beispielsweise über seine sexuelle Orientierung eine Identität schaffen. Nehmen wir als Beispiel den »Dom« aus dem Bereich des Sadomasochismus. Dom ist das männliche Gegenstück zur Domina. Mancher Mann, der sich als Dom definiert, nimmt das Spiel mit Macht und Unterwerfung sehr ernst. Er behauptet, seine Dominanz sei angeboren, er ist sehr unnahbar und kann mit Frauen, die nicht devot sind, nichts anfangen. Doms haben immer einen sehr ernsten Gesichtsausdruck, wenn man ihnen begegnet. Sie führen ihre Sklavin an einem Halsband in der einen Hand, in der anderen haben sie einen sperrigen Koffer, aus dem einige Peitschen und Gerten herausschauen. Ich frage mich dann manchmal: Lachen die beiden auch mal miteinander? Ist das nur ein Rollenspiel oder sind die immer so? Tantra-Leute hingegen wirken besonders fröhlich und spirituell, sie tragen bunte wallende Kleider, lächeln die ganze Zeit, reden überschwänglich und umarmen jeden, der ihnen über den Weg läuft.

Sobald wir uns eine Identität, ein Label geben, fallen wir in eine Rolle, bedienen wir ein Klischee, ob wir wollen oder nicht. Und von der Rolle ist es nicht mehr weit zur Position. Sadomasochisten und Tantriker beäugen sich gegenseitig oft voller Argwohn. Dabei finde ich, ist gerade die Kombination aus beiden Spielen interessant. Mit Rollen sind immer bestimmte Assoziationen, Klischees und Geschichten und Bilder verbunden, die wiederum Erwartungen hervorrufen. Andere Beispiele für Identitäten, bei denen wir sofort bestimmte Bilder und einen ganzen Strauß an Zuschreibungen im Kopf haben, sind Alleinerziehende, Singlefrauen Mitte dreißig, Hochsensible, Transsexuelle. Das sind alles Konstrukte, die einzelne Eigenschaften oder Verhaltensweisen von Menschen zu Identitäten erklären. Je stärker Leute an diesen Identitäten festhalten und sich damit identifizieren, aber auch je stärker andere sie ihnen zuschreiben, desto stärker wird ihre Position. Und desto geringer die Neugier, dass vielleicht noch etwas ganz anderes in ihnen steckt.

Positionen schaffen Feindbilder. Und das ist das Problem. Wenn Menschen in einer Position stecken und überzeugt sind, dass sie selbst im Recht und andere im Unrecht stehen, ist es nicht mehr weit zum Krieg. Oder zum Tod. Paar- und Sexualtherapeuten witzeln untereinander, dass sie bei den meisten Beziehungen nur noch Sterbehilfe leisten. Das passiert, wenn beide Partner Positionen gebildet haben, von denen sie nicht mehr abrücken. Schuld ist dann der jeweils andere.

Alle wollen, dass sich was verändert, aber keiner will was anders machen

Frauen fokussieren sich darauf, was Männer alles falsch machen, anstatt zu schauen, was sie selbst besser machen könnten. Männer hingegen denken, sie würden eh alles richtig machen.

Keiner will nachgeben, wenn es in Beziehungen Stress gibt. Es gibt eine interessante Untersuchung des amerikanischen Psychologen John Gottman. Er hat in seinem berühmten »Love Lab« Tausende von Paaren beobachtet und akribisch mithilfe der Mathematik erforscht, was Beziehungen stärkt und was sie schwächt.[28] Er teilt sie in »Masters« und »Disasters« ein, also solche, die die Beziehung meistern, und solche, die ihre Beziehung direkt auf die Katastrophe zusteuern. Gottman kann Paaren das Ende ihrer Beziehung vorhersagen, nachdem er ihnen nur wenige Minuten gelauscht und ihren Puls gemessen hat. Aus seiner Sicht ist eine Sache die wichtigste: dass die Partner einander zugeneigt und in Verbindung bleiben, selbst wenn sie gerade über schwierige Themen sprechen.

Erkennbar ist Zuneigung an ihrer Wortwahl und am Puls. Der Puls der Disasters und ihre Aggressivität steigen, wenn sie nur neben ihrem Partner sitzen, die Masters hingegen bleiben ruhig. In Beziehungen versucht jeder, mit dem anderen in Verbindung zu treten, und sucht emotionale Bestätigung. Der Mann erzählt beispielsweise eine Begebenheit aus seinem Arbeitsalltag, ein kurzes Erlebnis von einem

Kunden, der ihn angerufen hat und mit dem es Probleme gab. Die Frau interessiert das eigentlich nicht, doch die Frage ist, wie geht sie damit um? Liest sie weiter in ihrem Buch oder schaut in ihr Handy und murmelt »aha« oder ignoriert sie es und reagiert gar nicht oder blickt sie ihren Mann kurz an und schenkt ihm eine wie auch immer geartete Anerkennung? Masters tun das, und zwar in neun von zehn Fällen. Disasters reagieren hingegen auf 70 Prozent der Verbindungsversuche ihres Partners mit Ignoranz, Gleichgültigkeit oder womöglich einem knappen »Unterbrich mich nicht!«. Sie sind mit sich selbst beschäftigt und genervt, sprich, sie lassen ihre Laune am Partner aus.

Wie könnte diese Anerkennung aussehen? Frau könnte sich kurz dem Thema widmen und sagen, was sie davon hält. Sie könnte den Mann bestätigen und sagen: »Du hast dein Bestes gegeben«, sie könnte auch sagen: »Schatz, ich bin gerade mit etwas anderem beschäftigt, lass uns später darüber in Ruhe sprechen.« Auch das ist eine Anerkennung, denn der Mann will ja gar keinen Ratschlag von der Frau, sondern nur eine kurze emotionale Zuwendung. Diese emotionalen Zuwendungen sind nach Gottman der Schlüssel zum Beziehungsglück. Und ob wir in der Lage sind, sie zu geben, hängt direkt davon ab, ob wir bereit sind nachzugeben.

Klar, wir können nicht alles im Leben beeinflussen, es gibt so etwas wie Schicksal und Schicksalsschläge. Aber auf unser eigenes Verhalten haben wir sehr wohl einen Einfluss, und zwar immer. Es ist deine freie Entscheidung, ob du deinen Partner anschreist, wenn du dich über was ärgerst, oder ob du ihn im ruhigen Tonfall in seine Schranken weist und klar sagst, was du willst. Die Konsequenz für dein weiteres Leben, je nachdem, wofür du dich entscheidest, ist entweder eine wertschätzende Beziehung oder eine stressige, entweder Master oder Disaster.

Menschen denken, sie hätten ein Recht auf ihre Befindlichkeiten. Sie identifizieren sich damit. Nach dem Motto:

»Mir gehts schlecht, also habe ich ein Recht darauf, schlecht drauf zu sein und alle anderen damit zu belasten.« Nein! Das ist eine schlechte Angewohnheit. Wer zu viel trinkt und anderen in die Bude kotzt, wird auch rausgeschmissen. Dafür hätte niemand Verständnis. Doch schlechte Laune in der Beziehung lassen wir durchgehen. Das Tückischste dabei ist: Schlechte Laune findet schnell Verbündete. Die beste Freundin ist immer da, um Händchen zu halten, zuzuhören und einem recht zu geben, anstatt zu sagen: »Hör auf mit dem Gejammer und reiß dich zusammen!« Alle sind auf dem Kanal von Meckern, Beschweren und Schuldzuweisung, Männer wie Frauen, jeder auf seine Weise. Wem es schlecht geht, der bekommt gesellschaftlichen Zuspruch und Aufmerksamkeit. Doch damit sich was ändert, braucht es ein anderes *Verhalten*. Dass gute Beziehungen harte Arbeit bedeuten, haben wir alle schon mal gehört. Was es konkret bedeutet, hat aber bisher kaum jemand gesagt.

Die Kunst ist, auch schlechte Stimmung produktiv zu nutzen. Miese Laune hat enorme Power. Man kann damit viel zerstören. Oder die Wohnung putzen. Wenn die Laune besonders schlimm ist, sollte man mit dem Klo beginnen. Putzen machen friedlich. Es gibt eine tolle Szene in dem Film »Erleuchtung garantiert« von Doris Dörrie. Zwei Brüder landen auf der Suche nach sich selbst in einem japanischen Kloster. Dort müssen sie neben den Meditationen vor allem putzen, den Boden wischen, den Weg kehren. Und der Zuschauer erlebt mit, wie sie beide jeden Tag friedlicher werden und mit sich selbst ins Reine kommen. Am Ende outet sich einer von beiden als schwul.

Launen können auch gewinnbringend eingesetzt werden, indem sie an demjenigen ausgelassen werden, der sie verursacht hat. Im Job hat dich jemand geärgert? Dann kotz *dem* deine Wut vor die Füße und nicht deinem Partner oder deinen Kindern! Wie viele Männer kommen gestresst vom Job nach Hause und schreien dann die Kinder an. Die haben *nichts* damit zu tun. Frauen quatschen stundenlang mit ihren nervigen Freundinnen und sind dann selbst schlecht gelaunt? Bitte, dann sollen sie ihrer Freundin sagen, dass sie eine blöde Kuh ist und ihr die Freundschaft kündigen. Und danach am besten alle Mülleimer im Haus leeren und grundreinigen.

Coming out braucht Eier. Und Mentoren.

Du kannst dich hinter allem verstecken, egal ob hinter Religionen, Psycho-Weichspülerei, Erfolgsseminaren oder Political Correctness. Doch dann verpasst du das Beste im Leben: dich!

»Wenn ich wirklich ganz ehrlich bin … macht es mir Spaß … Männer zu demütigen«, sagt eine Teilnehmerin von Sex-Self-Actualization, einem zweitägigen Intensivseminar, das die ureigenste Libido in jedem Menschen wieder weckt. Sie hat vorher ziemlich herumgedruckst, versuchte, nett zu sein, alle haben ihr gelangweilt zugehört, doch jetzt auf einmal sind alle wach, und der ganze Raum vibriert vor Energie. Jeder kann spüren, dass das die Wahrheit ist, jede kann sehen, wir ihr die Maske von Nettigkeit vom Gesicht fällt. Diese Frau ist eine Domina, wie sie im Buche steht. Doch sie hat sich nie zuvor getraut, das zuzugeben. Jetzt ist es raus.

Die Reaktionen der anderen Teilnehmer sind durchwegs wohlwollend, wertschätzend und positiv. Keiner hat ein Problem damit, es gibt keine Moral in diesem Raum. Einer der Männer strahlt sie an und fragt ob, sie sich mal an ihm ausprobieren möchte. Er outet sich gleich mit. Beide lachen und verabreden sich für ein Gespräch in der Kaffeepause. Eine andere Teilnehmerin, übergewichtig, zurückhaltende Ehefrau und Mutter, gibt etwas später zu, dass sie Orgien liebt und gar nicht genug Haut zum Reingreifen um sich herum haben kann. Auch das glaubt jeder sofort, sie strahlt eine solch intensive Sinnlichkeit aus, dass ein einzelner Mensch nie ausreichen könnte, um diese sexuelle Wucht zu befriedigen.

Nach und nach packen alle aus. Neben mir sitzt ein Paar, bei dem die deutlich ältere Frau zugibt, dass sie schon immer davon geträumt hat, Puffmutter zu sein. Ihr Mann fällt ihr begeistert um den Hals. Das alles ist für niemanden peinlich oder blöd, sondern für alle eine riesengroße Erleichterung. Je mehr der Teilnehmer sich outen, desto besser wird die Stimmung. Ich kann mich nicht erinnern, dass ich jemals so viel in einem Seminar gelacht und mich danach so gut gefühlt habe.

Machen wir uns nichts vor: Ein echtes Coming-out ist nichts für Weicheier. Denn es erschüttert uns bis auf die Grundfesten unseres Seins, wenn wir tatsächlich zugeben, wer wir sind. Das geht nur, wenn wir von Menschen umgeben sind, die uns nicht verurteilen. Und die muss man erst mal finden, denn selbst in der Swinger-, Tantra- und BDSM-Szene laufen viele herum, die alles, was nicht der eigenen Philosophie entspricht, mit kritischem Blick beäugen und moralisch bewerten. Ich glaube, der allerwichtigste Grund dafür, dass der Sex bei vielen so langweilig wird, liegt daran, dass Leute selbst im Bett noch irgendwelche Rollen spielen und nicht ehrlich sind. Life-Changing-Sex findet nicht in Blümchenbettwäsche statt.

Ein Freund erzählte mir vor einiger Zeit sehr offen, dass er und seine Frau sich über Jahre etwas vorgemacht haben und deshalb der Sex immer ziemlich unentspannt war. Sie waren beide sehr bemüht darum, alles richtig zu machen und sich gegenseitig so gut wie möglich zu befriedigen, ohne sich selbst komplett zu verbiegen. Der ganz normale Irrsinn also. Bis sie sich – ebenfalls im Rahmen von »Sex-Self-Actualization« – endlich getraut haben, sich ehrlich zu sagen, was sie eigentlich wollen. Und das hat beide so amüsiert, dass seitdem alle Dämme gebrochen sind. Die zwei, optisch ein typisch deutsches Paar, blond, sie im Mama-Modus, er leicht übergewichtig, haben festgestellt, dass sie sexuell einfach nicht aufeinander stehen, und zwar beide nicht. Er steht auf Asiatinnen und sie auf Schwarze. Diese Erkenntnis und das ehrliche Ansprechen ihrer bis dahin sorgsam gehüteten Geheimnisse hat beide so erleichtert, dass sämtlicher Druck von ihnen abgefallen ist. Sie lachen wieder deutlich mehr miteinander und haben besseren Sex.

Wenn man einmal zugegeben hat, dass man selbst »ein Schwein ist«, wird alles danach leichter. Schweinereien können viel Spaß machen. Was noch auf meiner eigenen Liste der Dinge, die ich noch erleben will, zum Beispiel steht, ist ein Schlammlauf. Sich mal richtig einzusauen muss riesengroßen Spaß machen. Zumindest kommen meine Kinder immer mit glänzenden Augen heim, wenn sie draußen gespielt haben und von oben bis unten dreckig sind. Wo unsere größte Sehnsucht liegt, lauert auch unsere größte Angst. Deshalb schafft es kaum jemand aus sich selbst heraus, sich einer echten sexuellen Transformation zu stellen. Die kulturellen und persönlichen Konditionierungen zu verlassen und die von der Gesellschaft vorgegebenen Regeln zu brechen, bedeutet ein fettes Risiko. Solange nur ein einziger Mensch in deiner Nähe ist, der dich verurteilt, geht es nicht. Ich hatte den besten Sex meines Lebens in den Momenten, in denen ich von Menschen umgeben war, die mich nicht verurteilt haben. Momente, in denen ich mich komplett dem Augenblick hingegeben und gar nicht mehr nachgedacht habe. Ich habe ein ganzes Buch darüber geschrieben: *»gesundgevögelt«*. Die Kunst ist, einen sicheren Rahmen zu schaffen, in dem man sich fallen lassen kann. Und das Geheimnis ist: Für eine Einweihung brauchen wir andere Menschen, denen wir vertrauen. Den ersten Fallschirmsprung macht man immer zu zweit. Und danach kriegt man mehrere Tage lang das Grinsen nicht mehr aus dem Gesicht. Das ist wie eine Nahtoderfahrung. Wer oft genug mit seinem Lehrer gesprungen ist, traut sich irgendwann alleine.

Gefahr erkannt, Gefahr gebannt?

Wenn wir erkennen, was in unserem Leben und auf der Welt schiefläuft, hätten wir die Chance, es zu ändern. Doch meistens bleibt es bei der Chance.

Jesus' letzte Worte waren: »Vater, vergib ihnen, denn sie wissen nicht, was sie tun.« Der kannte die Menschen wohl so gut wie kaum jemand anders.

Wissen wir, was wir tun?

Haben wir einen freien Willen, nach dem wir bewusst entscheiden können, wie wir handeln und leben wollen, wie wir unsere Beziehungen gestalten wollen? Oder sind wir zu sehr geprägt von den Rollenbildern unserer Kultur, unseren Religionen, unserem Zeitgeist, unserer Erziehung und unseren Peer-Groups? Ich arbeite immer wieder mit Einzelnen und mit Paaren in intensiven Coachings und stelle fest: Nur die Neugierigsten unter ihnen bewältigen den Weg in die Freiheit. Die allermeisten bleiben an irgendeinem Punkt in ihren Meinungen und Positionen und ihrem Rechthabenwollen stecken. Selbst, wenn sich die Rahmenbedingungen ändern. Und was bedeuten überhaupt die Rollenbilder und Werte einer Kultur? Alleine innerhalb der letzten dreißig Jahre haben sich die Gesellschaft und ihre Ansichten in meinem Heimatland Deutschland drastisch verändert. Ansichten, die früher für die Mehrheit der Bevölkerung völlig richtig waren, betrachten die meisten heute als falsch. Die Vergewaltigung der Frau in der Ehe beispielsweise war in Deutschland bis in die 90er-Jahre legal, ebenso wie das körperliche Züchtigen von Kindern. Homosexualität dagegen war strafbar. Heute ist es genau umgekehrt. Das für uns grundlegende Recht auf Selbstbestimmung ist erst in den 80er-Jahren überhaupt zu einer gesellschaftlichen Grundlage geworden, vorher war das keineswegs so. Dazu eine interessante Anekdote: In dem Kampf um die Entkriminalisierung von Homosexualität sind einige Volksvertreter ziemlich übers Ziel hinausgeschossen – aus heutiger Sicht. In den frühen 80ern gab es Bestrebungen von linksliberalen Politikern, allen voran den Grünen, das komplette Sexualstrafrecht abzuschaffen und Sexualität vollständig zu entkriminalisieren, also neben dem Paragrafen 175, der Homosexualität betrifft, auch die Paragrafen 174 und 176 des Strafgesetzbuches, die den sexuellen Missbrauch an Kindern, Jugendlichen und Schutzbefohlenen ahnden. Heißt konkret: Zusammen mit gleichgeschlechtlichem Sex sollte auch Sex mit Kindern straffrei gestellt werden! Es gab eine »Bundesarbeitsgemeinschaft Schwule, Päderasten und Transsexuelle«, die direkt der Bundestagsfraktion der Grünen zuarbeitete und von ihr finanziert wurde. Auch der FDP-Nachwuchs dachte in eine ähnliche Richtung.[29, 30] Es ist heute völlig undenkbar, alleine diese drei Gruppen in einem Atemzug zu nennen. Wenn irgendetwas im heutigen Zeitalter der Selbstbestimmung überhaupt nicht geht, ist es Sex mit Minderjährigen, die noch gar nicht selbst bestimmen *können*. Doch im Zeitgeist nach der sexuellen Revolution kam so etwas auf den Tisch. Und: Auch heute werden Kinderehen in Deutschland geduldet – wenn sie von Menschen anderer Kulturen eingegangen werden, die bei uns leben. Müssten wir dagegen nicht eine Revolution anzetteln und darauf bestehen, dass wir das in unserem Land nicht wollen, von niemandem? Und überhaupt: Müssen wir uns einmischen in die Kulturen, die für unser Verständnis barbarische Methoden der Frauenunterdrückung anwenden, oder sind wir dann auch nicht besser als die früheren christlichen Missionare und europäischen Kolonialmächte? Wir sind in uns selbst nicht konsequent. Wir nehmen mit einem Achselzucken hin, dass in Ländern, in die wir zum Fünf-Sterne-all-inklusive-Urlaub fliegen, nur wenige Kilometer neben dem Hotel kleine Mädchen verstümmelt werden. Wir nehmen nur beiläufig wahr, dass in unserem Land Menschen, die ein indifferentes Geschlecht zeigen, schon als Babys zwangsoperiert und in ein Geschlecht hineingepresst werden. Wir verschließen die Augen vor diesen Dingen, gleichzeitig reagieren wir unglaublich sensibel darauf, wenn uns selbst auch nur das kleinste diskriminierende Wort zugeworfen wird. Wir kriegen gar nicht mit, dass in Deutschland Firmen sitzen, die online Kunstblutkapseln für junge, vorwiegend muslimische Frauen verkaufen, die zu ihrer Heirat Jungfräulichkeit vorweisen müssen, während wir modernen Yuppies per Internet ein paar Klicks weiter Peitschen kaufen, um unsere sexuelle Lust zu steigern.

In München beschließt im Sommer 2019 der Stadtrat, dass an der Isar Oben-ohne-Baden für Frauen erlaubt ist, in Berlin verlässt eine Frau ein Freibad, nachdem sie von einem Sicherheitsdienst aufgefordert wird, ihre Brüste zu bedecken, weil dies angeblich andere Badegäste störe und man sich auf traditionelle Badekleidungsordnungen beziehe. Frauen, die im Burkini baden, werden hingegen nicht angesprochen, dass sie vielleicht ein bisschen zu viel Badekleidung tragen. Es ist eine seltsame Welt, in der wir leben.

Den Schlüssel für Frieden haben die Frauen in der Hand

Erst wenn wir Frauen alle unsere Rollen verlassen und uns wahrhaft zeigen, mit unserer Genialität und unseren Schattenseiten, werden wir die Augenhöhe mit den Männern erreichen.

»Eva ist bequem geworden. Und feige. So wie Millionen andere Frauen, die es ähnlich haben wie sie. Da war ihr Anspruch auf Eigenständigkeit, da war aber auch die Verlockung der altbekannten Frauenrolle. Der sind sie erlegen. Haben sich einen Mann gesucht, der ihre Idee einer Partnerschaft unter Gleichen boykottiert. Sind geflüchtet vor den Ansprüchen einer unfreundlichen Berufswelt. Haben das Kind genutzt, um in die heimische Überschaubarkeit zu desertieren – und dort zu bleiben. Eva hat sich selbst entmachtet und für die Unmündigkeit entschieden.«[31]

Die Journalistin Bascha Mika beschreibt in ihrem Buch »Die Feigheit der Frauen«, warum sich auch im 21. Jahrhundert die meisten Frauen für die traditionelle Frauenrolle entscheiden, und sie geht hart mit ihren Geschlechtsgenossinnen ins Gericht. Aus ihrer Sicht sind Frauen keineswegs nur die Opfer männlicher Systeme, sondern sie sind Komplizinnen, die sich selbst ins berufliche Aus befördern, spätestens wenn sie Kinder bekommen. Warum Frauen das tun? Weil es zu Hause deutlich bequemer ist als im Berufsleben, wo kalter Wind bläst. Weil es deutlich angenehmer ist, wenn der Mann das Geld verdient und sie ihren Tag mit Hausarbeit, Chauffeurfahrten für die Kinder und ein wenig leichter

Teilzeit-Berufstätigkeit verbringen können. Frau Mika beschreibt im Vorwort zur Taschenbuchausgabe, dass viele Leserinnen sich bei ihr beschwert haben, warum sie solch harsche Worte wie »feige«, »bequem« und »Geiselmentalität« verwendet und ob nicht »Verzagtheit« und »Mutlosigkeit« angemessener wäre. Ich kann ihr da nur zustimmen: Nein. Denn nur, wenn Frauen die volle Verantwortung für ihr Leben übernehmen, können sie etwas ändern. Nur wenn sie zugeben, dass sie genau diesen Lebensentwurf *wollten,* können sie sich für ein anderes Leben entscheiden. Diese Verzagtheit, das ist auch eine Rolle, eine typische Frauenrolle.

Solange Frauen die romantischen Vorstellungen vom Traumprinzen mit sich herumtragen, werden sie, sobald einer auftaucht, der ihren Kriterien entspricht, alles über Bord werfen, was ihnen bis dahin wichtig war: ihre Emanzipation, ihre Träume und ihre Power. Jede Frau, die sich über Jahre von einem Mann aushalten lässt, verrät all diejenigen Frauen, die hart für unsere Freiheit gekämpft haben. Und sie zahlt unter Umständen einen sehr hohen Preis dafür, denn Armut im Alter ist etwas, das zu einem hohen Anteil genau die Frauen betrifft, die ihr Leben blauäugig von einem Mann haben finanzieren lassen. Frauen gehen Konfrontationen gerne aus dem Weg, doch sie müssen sich mit ihren Männern auseinandersetzen, wenn sie wirklich ein anderes Lebensmodell wollen. Sie müssen die Beziehung infrage stellen und riskieren, dass der Versuch scheitert. Sie müssen ihre Kinder konfrontieren, dass sie nicht mehr Chauffeur spielen, und andere Lösungen finden. Eine Frau, die eine Familie will, aber nicht dem Bild der Familien-Mami entspricht, macht Ärger an allen Ecken. Doch erst wenn Frauen das durchziehen und es schaffen, endlich ihre Rollen zu verlassen und sich wahrhaftig zu zeigen, dann wird sich in der Welt grundlegend einiges ändern. Solange sie sich verstecken, mit ihrer Brillanz genauso wie mit ihren dunklen Seiten, werden die Männer das Heft in der Hand behalten, und die Frauen werden unzufrieden sein und unterschwellig allen das Leben zur Hölle machen.

Letztendlich werden wir nur frei, wenn wir aus der stillschweigenden Übereinkunft ausbrechen, dass wir die Opfer der Männer sind. Wir hängen alle in einem sehr ungesunden Frauen-Agreement fest. In Englisch gibt es den Spruch »I buy your shit and you buy mine«, das bedeutet so viel wie »Ich kaufe dir deinen Scheiß ab, dafür kaufst du mir meinen ab«. Frauen machen das die ganze Zeit, sich von anderen Frauen Mitleid bis hin zu einer Art Absolution dafür holen, dass ihr Leben eine Vollkatastrophe ist. Es gibt Frauen, die verschwenden ihr ganzes Leben, weil sie sich immer an Männer anpassen oder ihnen gar jahrelang hinterherlaufen, sich um andere Menschen kümmern und die ganze Zeit über dabei angepisst, wütend und traurig sind. Doch niemand reißt sie aus diesem Scheißleben heraus, niemand setzt sich ernsthaft mit ihnen auseinander und tritt ihnen kräftig in den Allerwertesten. Nein, alle hören sich das Gejammer an und machen mit. In meinem ersten Studium gab es eine Frau, die ist zwölf (!) Jahre lang einem Mann hinterhergelaufen, der nichts von ihr wollte. Ihre beste Freundin hat sich das die ganze Zeit angehört, so lange, bis die hoffnungslos Verliebte sich das Leben genommen hat. Ich habe das erst vor ein paar Jahren erfahren und war schockiert. Frauen, hört auf damit, euch gegenseitig mit eurem Mist in Schutz zu nehmen! Hört auf, euch gegenseitig leidzutun, anstatt euch zu empowern und Verantwortung zu übernehmen!

Männer haben übrigens auch ein unausgesprochenes Agreement, und das gehört genauso gesprengt: Männer sind sich einig, dass sie uns Frauen nicht groß rauskommen lassen, dass wir in der zweiten Reihe besser aufgehoben sind und dass die Welt ihnen gehört. Einzelne Männer, die da nicht mehr mitmachen, haben das gleiche Problem wie Frauen, die sich von der geheimen Übereinkunft lossagen: Sie sind ziemlich einsam. Noch.

Make Love, not War

Wer guten Sex hat, interessiert sich nicht für Krieg und Gewalt.

Ende der 60er gab es einen kurzen Moment in der Geschichte der Menschheit, in dem einige wenige verstanden haben, worum es wirklich geht: *Make Love, not War.* Mit diesem Spruch haben die Hippies in Amerika gegen den Vietnamkrieg demonstriert, um wenigstens diesem Irrsinn endlich ein Ende zu setzen. Was für Nationen gut wäre, kann für Menschen nicht verkehrt sein. Frieden kommt von Befriedigung. Sexualität im weitesten Sinne bedeutet Vereinigung und birgt die Chance, dass etwas Neues, Einzigartiges daraus entsteht. Es heißt auch *Liebe machen.*

Im Netz existiert ein legendärer Videoclip des indischen Philosophen Osho, in dem er die verschiedenen Bedeutungen des Wortes »fuck« erklärt. Es gibt kaum ein Wort, das auf so mannigfaltige Weisen eingesetzt wird, von »John fucket Mary« über »fuck you!« bis »what the fuck is happening here«. Er schafft es, bis zum Schluss ernst zu bleiben, während alle, die das anschauen, sich wegwerfen vor Lachen. Wenn alle Menschen mehr Liebe machen und miteinander lachen würden, gäbe es keinen Krieg auf der Welt. Niemand hätte mehr Interesse daran.

Bevor wir Frieden auf der Welt schaffen, müssen wir ihn zunächst in uns selbst finden. Und das geht bekanntlich nur, indem wir auch unsere Schattenseiten akzeptieren. Nur Menschen, die es bewerkstelligen, ihre männliche und weibliche Seite in sich zu integrieren, genauso wie ihre helle und ihre dunkle Seite, können ein echter Beitrag für die Welt sein. Denn sie stellen sich nicht über andere.

In den letzten Jahrtausenden haben wir zusammen mit der männlichen Macht und den männlichen Errungenschaften viel vom männlichen Schatten gesehen: Kriege, Gewalt, Missbrauch, Zerstörung. Der weibliche Schatten war, genau wie die weibliche Power, versteckt. Vielleicht müssen wir, um mehr Liebe und Weiblichkeit in die Welt zu bringen, endlich auch die weiblichen Schatten ans Licht holen.

Oder haben wir zu viel Angst davor, was dann passiert?

Anhang

Danksagung

Danke an Haulk Petersen, Sonja Becker und Isabella Kortz für die impulsreichen Dialoge zu den Themen im Buch. Und danke an Verena Minoggio-Weixlbaumer fürs Gegenlesen und Lektorieren sowie für die vielen Nachfragen und Diskussionspunkte zu meinen Aussagen, woran ich sehe, dass der Untertitel »Streitschrift« genau richtig gewählt ist.

Weiterführende Literaturverweise

Simon *Baron-Cohen*: Frauen denken anders. Männer auch.: Wie das Geschlecht ins Gehirn kommt, Heyne Verlag 2009

Bascha, *Mika*: Die Feigheit der Frauen, Goldmann Verlag, 2012

Mary *Beard*: Frauen und Macht, S. Fischer Verlag, 2008

Lydie *Benecke*: Psychopathinnen. Die Psychologie des weiblichen Bösen, Bastei Lübbe Verlag, 2018

Ruediger *Dahlke*: Das Schatten-Prinzip: Die Aussöhnung mit unserer verborgenen Seite, Arkana Verlag 2010

Svenja *Flaßpöhler*: Die potente Frau, Ullstein Verlag, 2018

Gerald *Hüther*: Männer – das schwache Geschlecht und sein Gehirn, Vandenhoek & Ruprecht Verlag, 2009

Alexandra *Kautzky-Willer:* Elisabeth Tschachler: Gesundheit: eine Frage des Geschlechts, Orac Verlag; 2012

Martin *Sage*: Lebe deinen Traum, Sokrates Verlag, 2017

Gunter *Schmidt*: Das neue DER DIE DAS, Psychosozial Verlag, 2014

Esther Vilar: Der Dressierte Mann, Bertelsmann Sachbuchverlag 1971

Anmerkungen

1. Simon Baron-Cohen: Frauen denken anders. Männer auch.: Wie das Geschlecht ins Gehirn kommt, Heyne Verlag 2009
2. Doku: Magda Göbbels – Fanatisch bis in den Tod
3. Mary Beard, Frauen und Macht, S. Fischer Verlag, 2008
4. https://www.stern.de/familie/die-haeufigsten-eltern-suchen-
   bei-google-ist-mein-sohn-ein-genie--ist-meine-tochter-haess-
   lich--3124682.html
5. Lydie Benecke: Psychopathinnen. Die Psychologie des weiblichen Bösen, Bastei Lübbe Verlag, 2018
6. https://www.faz.net/aktuell/gesellschaft/kriminali-
   taet/psychologie-wie-boese-sind-frauen-16085424.
   html?fbclid=IwAR3cnUFjNPANUMxg5vDDIF8bNRR-
   eaeVWGO6FuNxZMFuVYwy8ZvfvfvZJk5I&premi-
   um=0xed34e0045a17a8eed1637f6fdc621f63
7. http://www.sexuologie-info.de/pdf/Bd.21_2014_1.pdf
8. https://www.frauenrechte.de/images/downloads/fgm/
   TDF-Dunkelzifferstatistik-2018-Bundeslaender.pdf
9. https://www.kinderrechtskonvention.info/
10. https://www.zdf.de/dokumentation/zdfzoom/zdfzoom-ab-
    schottung-oder-aufbruch-100.html
11. https://www.freitag.de/autoren/der-freitag/
    das-kind-begehrt-aber-nicht-den-erwachsenen
12. https://www.donaukurier.de/lokales/eichstaett/
    Die-Schleifspur-des-Missbrauchs-auswetzen;art575,4105568
13. https://www.cicero.de/kultur/sexueller-missbrauch-katho-
    lische-kirche-priester-zoelibat-paedophil-homosexualita-
    et-papst-franziskus
14. https://www.jetzt.de/lgbt/dalia-studie-zu-lgbt-anteil-in-der
    -bevoelkerung
15. DER SPIEGEL, Nr. 23, 1983, Titelgeschichte AIDS
16. Infomappe für die Beratung in AIDSHilfen 2016
    https://www.aidshilfe.de/shop/archiv/
    infomappe-fur-beratung-aidshilfen-2016
17. Broschüre »sexuell übertragbare Infektionen« der Deutschen AidsHilfe, 2017
18. https://www.zeit.de/kultur/2018-05/
    opferkultur-debatte-sexismus-freiheit-gesellschaft

19. https://www.stern.de/kultur/film/weltfrauentag--so-rueckstaendig-ist-das-frauenbild-in-hollywood-filmen-8611322.html
20. https://www.musikexpress.de/zum-weltfrauentag-welche-filme-bestehen-den-sexismus-test-501294/
21. https://www.newyorker.com/magazine/2017/12/11/cat-person/amp
22. https://www.youtube.com/watch?v=CwN8mjaiSrQ
23. https://www.gendern.de/#Richtig_gendern
24. https://www.nzz.ch/feuilleton/gender-mainstreaming-wohin-fuehrt-die-neue-paedagogik-ld.1483713?mktcid=smsh&mktcval=Facebook&fbclid=IwAR1Hw5e-A4ZwMbMctTUTLi3zFyvSAUl-Az5AGWUNd83-B6J1j3jooDKoQLTCc; https://www.faz.net/aktuell/feuilleton/opfer-von-vergewaltigung-als-erlebende-bezeichnen-14892468.html
25. https://www.handelsblatt.com/finanzen/banken-versicherungen/tv-kritik-abrechnung-mit-ackermann-im-zdf-er-warmit-sicherheit-der-brandstifter-der-finanzkrise/23057234.html?ticket=ST-28896935-YdMXeRqTE7XmkM-qgCPxA-ap5
26. Alexandra Kautzky-Willer, Elisabeth Tschachler: Gesundheit: eine Frage des Geschlechts, Orac Verlag; 2012
27. https://www.zeit.de/zeit-magazin/leben/2015-05/sexkolumne-maennerphantasien
28. https://www.businessinsider.de/lange-und-glueckliche-beziehungen-haben-zwei-merkmale-gemeinsam-2016-7
29. https://taz.de/Gruene-und-Sex-mit-Kindern/!5067540/
30. https://www.zeit.de/politik/deutschland/2013-08/gruene-fdp-paedophilie-legalisierung
31. Mika, Bascha: Die Feigheit der Frauen, Goldmann Verlag, 2012, S. 15

Coaching, das transformiert.

Discovery-Session mit Susanne Wendel

Du hast keinen Bock mehr auf ein Leben im Mittelmaß?
Sex, Beziehung, Job, du willst MEHR?
Du willst was bewegen auf der Welt,
bist bereit zu lernen und liebst es zu provozieren?

Let´s go for it!

Bewirb dich für eine 30-Minuten live Discovery-Session mit Susanne Wendel.

Schreib ein paar Sätze, was dir an Susannes Büchern gefällt, worauf du neugierig bist und warum du mit Susanne sprechen möchtest: **office@susannewendel.de**

Lerne Susanne bei ihren Lesungen/Vorträge kennen.
Aktuelle Termine unter https://susanne-wendel.de/events